AF384039

HISTOIRE CRITIQUE

DE LA

JVRIDICTION CONSVLAIRE.

NANTES. — IMPRIMERIE VINCENT FOREST ET ÉMILE GRIMAUD.

HISTOIRE CRITIQUE

DE LA

JURIDICTION

CONSULAIRE

PAR ERNEST GENEVOIS

AVOCAT.

OUVRAGE COURONNÉ PAR L'ACADÉMIE DE LÉGISLATION.

PARIS

A. DURAND ET PEDONE LAURIEL
libraires
9, RUE CUJAS (ANC^{NE} RUE DES GRÈS).

NANTES

V. FOREST ET É. GRIMAUD
imprimeurs-éditeurs
4, PLACE DU COMMERCE, 4.

1866.

PRÉFACE

(ÉCRITE APRÈS LE CONCOURS).

Lorsque nous avons écrit ce livre, il n'était pas dans notre pensée de l'offrir au public. Nous n'estimions pas qu'il eût assez de mérite pour sortir de l'oubli profond auquel nous le croyions destiné. L'Académie de législation, en nous faisant l'insigne honneur de le distinguer, et le rapport beaucoup trop bienveillant de M. Auzies [1], ont changé nos intentions, s'ils n'ont pas modifié nos sentiments. Ces éclatants suffrages sont venus nous donner force et courage en revêtant notre œuvre d'une autorité qui lui aurait fait défaut si elle n'avait eu pour la sauver que l'égide de notre nom. Ainsi, en même temps que la flatteuse distinction dont nous avons été l'objet nous inspire un légitime orgueil, elle nous encourage à faire entendre la vérité dans une question de la plus haute importance pour le commerce, et dans laquelle des erreurs habilement présentées pourraient entraîner l'opinion publique dans la voie la plus funeste. Il s'agit de la réforme des tribunaux de commerce.

Nous ne savons pas ce que l'avenir nous réserve; mais nous pensons que tout gouvernement sage, soucieux des

---

[1] Ce Rapport sera publié à la fin du volume.

intérêts de la nation, se gardera bien de porter la main sur une institution qui fait la sécurité du commerce et sans laquelle il serait exposé aux plus graves désastres. Cependant, les réformateurs s'agitent. Sans se douter, probablement, que nous traversons une véritable révolution commerciale, ils demandent des changements qui auraient pour résultat inévitable de nous rejeter à trois siècles en arrière, de nous ramener au moyen âge, quand il est dans l'intérêt bien entendu du pays de porter le commerce en avant pour lui permettre de soutenir la concurrence étrangère. Toutes les institutions commerciales sont solidaires; et il faut convenir que le moment serait mal choisi, alors que les barrières tombent de toutes parts, pour priver le commerce de la liberté de sa justice et pour lui imposer des entraves incompatibles avec son essence. Les réformes demandées sont impraticables pour le moment. Elles seraient non-seulement une faute grave, mais une maladresse impardonnable. Du reste, nous sommes tranquille à cet égard; s'il devait s'en opérer quelques-unes, elles ne seraient pas inspirées par un esprit rétrograde. Ce n'est pas l'instant où l'on vient d'élever un palais aux représentants les plus autorisés de la justice consulaire que l'on choisira pour anéantir l'institution. C'est donc à une lutte de pure théorie que nous venons prendre part. Nous nous présentons sans crainte dans la lice, parce que nous avons pour nous soutenir le commerce tout entier, le bon sens, la pratique, et par-dessus tout, l'assentiment de l'Académie de législation. Avec de telles armes, on est bien fort contre une théorie, si séduisante qu'elle soit.

Effectivement, nous sommes convaincu que le côté pratique de la question échappe aux novateurs. Une base réelle manque à leurs raisonnements. Les faits donnent un démenti continuel à leurs assertions. Rien n'est plus facile à expliquer. La plupart d'entre eux montrent manifestement qu'ils n'ont jamais étudié avec l'attention qu'elle mérite la marche régulière d'un tribunal de commerce ayant sa raison d'être. Les uns ont observé des tribunaux inactifs faute d'affaires. Alors, prenant l'exception pour la règle, l'abus de la loi pour la loi elle-même, le détail pour l'ensemble, ils s'élèvent avec une apparence de raison contre une institution dont ils ne voient que les mauvais côtés. Les autres, plus dangereux, parce que leur opinion se place à l'abri d'une notoriété incontestable, souvent d'une illustration méritée, raisonnent une matière essentiellement pratique, plutôt économique que juridique, sans sortir de la théorie la plus pure. Ils demandent une perfection absolue sans se préoccuper de ce qui se passe, sans rechercher si ce qui existe ne convient pas mieux que toute autre chose aux besoins publics. La science leur a révélé un idéal; il faut y atteindre. Hors de là, point de salut. La vérité ne se trouve ni chez les uns, ni chez les autres.

Pour apprécier à leur juste valeur les services incontestables que rendent les tribunaux consulaires, il faut se placer dans le milieu même où ils fonctionnent véritablement et utilement. Le vrai commerce, celui qui porte la richesse dans toutes les parties de la nation comme le sang porte la vie dans toutes les parties du corps, ne consiste qu'en importation et en exportation; et l'exportation a pour corollaire indispensable la production et la fabrication. Toutes les branches du commerce, toutes les industries comme tous les contrats découlent de ces faits générateurs. Il s'en faut bien qu'on importe, qu'on exporte ou qu'on fabrique dans tous les lieux où l'on rencontre des commerçants; mais s'il y a partout un commerce de consommation qui fait arriver dans les parties du territoire les plus reculées et les plus inaccessibles les produits du sol et de la civilisation, ce n'est pas dans ces solitudes commerciales qu'il faut chercher le commerce. Il faut le voir à l'œuvre dans les centres d'importation, d'exportation, de production et de fabrication. Ils ne sont point rares en France. Eh bien ! là où le commerce est en pleine séve, la juridiction consulaire fleurit avec un éclat qu'il est de la plus grande injustice de méconnaître, et c'est là qu'il faut aller l'étudier. parce que c'est là qu'elle est à la hauteur de sa mission.

C'est devenu une banalité dans l'opinion que nous combattons de s'écrier que les juges du tribunal de commerce ne connaissent pas la loi qu'ils sont chargés d'appliquer : que leurs propres affaires les empêchent de faire des études juridiques. C'est le seul argument sérieux des adversaires des tribunaux de commerce. Ils ne réfléchissent pas que les *affaires commerciales* ne sont que la pratique journalière de la loi. Nous admettons qu'un négociant n'ait jamais lu le code de commerce; il n'en saura pas moins, par exemple, que le porteur d'une lettre de change impayée doit la faire protester le lendemain de l'échéance, à peine de perdre son recours contre les endosseurs. Il est obligé de le savoir; s'il l'ignorait, il perdrait son argent. Il saura même, ce qui n'est pas dans le code, quand le porteur d'un effet de commerce est propriétaire des marchandises qui en forment la provision. S'il est commissionnaire, il n'ignorera point qu'il a privilége pour ses avances sur le prix des marchandises qu'il achète pour le commettant, et à quelles conditions il conservera ce privilége. S'il est propriétaire de navire, personne ne lui apprendra qu'il peut abandonner le navire et le fret pour se libérer des faits et engagements du capitaine en ce qui concerne le navire et l'expédition. Nous pourrions passer en revue tout le code de commerce et prouver que le négociant est obligé d'en connaître toutes les dispositions, à peine de perdre sa fortune.

Qu'on dise que le particulier non commerçant qui n'a pas passé sur les bancs de l'école ne saura jamais le droit civil, on aura raison. Dans la vie civile, on ne contracte pas à tous moments; on ne vend pas, on ne loue pas, on ne donne pas, on ne teste pas, on n'hérite pas, on ne partage pas, on n'hypothèque pas, tous les jours de son existence; et celui qui voudra connaître les dispositions du code civil sera bien obligé d'en apprendre la théorie. Quelle différence chez le commerçant! On pourrait dire que chaque heure qu'il consacre aux affaires est réglée par un article de loi. Il ne sait pas le droit commercial! Mais que fait-il autre chose que de l'appliquer? Ne peut-il pas être tous les jours, et même à la fois, acheteur et vendeur, commissionnaire, signataire d'effets de commerce, armateur, affréteur, assureur de navires, créancier dans plusieurs faillites et à différents titres? Croit-on, lorsque toute la fortune est en cause dans une série d'affaires qui se renouvellent tous les jours, qu'on ne se préoccupe pas des événements qui peuvent à chaque instant affecter cette fortune et des lois qui les régiront? Il ne faut donc pas dire que les affaires éloignent le commerçant de l'étude du droit, parce qu'elles nécessitent, au contraire, l'application constante du droit. Il est bien vrai qu'il ne connaîtra pas les difficultés d'interprétation que la doctrine et la jurisprudence peuvent seules résoudre; mais il en sera de même de tout légiste qui n'aura pas fait une étude spéciale des lois commerciales. La part très-restreinte qui est faite dans les Facultés au droit commercial ne peut donner qu'une idée très-vague et très-imparfaite de cette partie de la science. Le jurisconsulte qui voudra en connaître tous les secrets devra y consacrer de bien longs moments et il n'arrivera jamais aux résultats que lui donnerait une pratique journalière du commerce. Une fois cette pratique acquise, la théorie juridique se comprend avec la plus grande facilité. C'est là ce qui fait la supériorité incontestable des magistrats de la juridiction consulaire sur ceux de la juridiction civile appelés exceptionnellement à juger des questions commerciales.

Il ne faut point se méprendre sur la portée de nos paroles, pas plus ici que dans le courant du livre qui va suivre. Nous ne voulons pas qu'on pense que nous portions contre la justice civile une accusation gratuite d'ignorance. Nous croyons seulement qu'il ne faut pas la faire sortir de la sphère où elle rend d'immenses services pour lui donner à remplir un rôle qu'il ne suffit pas d'apprendre pour le bien jouer.

On répond à cela qu'on ne se plaint point de la justice des tribunaux civils jugeant commercialement. Nous répondrons à notre tour que nous n'en tenons aucun compte parce qu'ils jugent un commerce et des commerçants dont l'importance est si petite qu'on n'a pas même osé réclamer pour eux une juridiction spéciale alors qu'il aurait suffi de la demander pour l'obtenir. Au point de vue général auquel nous nous plaçons, on peut dire que, dans le ressort des tribunaux civils jugeant commercialement, il n'y a ni commerce ni commerçants.

On dit encore que c'est une anomalie inconcevable de faire juger la même affaire par des juges exclusivement commerçants au premier degré et par des juges exclusivement civils au second. Cette organisation que l'on critique, nous semble, au contraire, à l'abri de tout reproche. Ne voit-on pas que vis-à-vis d'une cause commerciale, les Cours impériales se trouvent dans une position toute différente de celle dans laquelle se trouverait un tribunal de première instance ?

Les juges sont plus nombreux et plus expérimentés; mais. abstraction faite de cette supériorité hiérarchique, quand le jugement arrive à la Cour, les faits sont appréciés, au point de vue commercial, de la façon la plus exacte et la plus précise, avec une entière connaissance de cause et une impartialité absolue, comme ils ne pourraient l'être par aucune expertise ni aucune enquête. Il ne reste plus qu'à appliquer le droit, et la question est déjà élucidée par les considérants du jugement; la Cour n'a donc pas à faire une instruction qui incomberait au tribunal civil et dans laquelle il aurait d'autant plus d'occasions de s'égarer qu'il s'engagerait dans un labyrinthe dont les détours lui seraient complètement inconnus.

Il est, cependant, certain que s'il n'y avait jamais que le texte de la loi à appliquer ou à interpréter, tous les tribunaux civils seraient bientôt en état de rendre une bonne justice. Ce serait une question de temps, de travail et d'augmentation de personnel. Mais il s'en faut bien que tout le droit commercial soit prévu par la loi écrite. A côté d'elle, les nécessités et les habitudes du commerce ont créé une législation qu'on ne trouve codifiée nulle part. En faut-il d'autres exemples que la *comptabilité?* Où en serait le commerce si les négociants s'en tenaient aux livres prescrits par la loi? Où trouve-t-on dans le code la sanction de la comptabilité en partie double dans laquelle on peut chercher la preuve en un seul mot de tous les contrats de commerce et qui engendre des pratiques spéciales, le compte courant, par exemple, dont les conséquences juridiques ne sont point prévues par la loi?

Ces usages qui sont le véritable commentaire de la loi ou le droit mis en pratique, sur lesquels, le plus souvent, reposent toutes les discussions, il ne suffirait pas de les connaître par ouï-dire pour les apprécier sainement. Il est indispensable de les avoir pratiqués, parce qu'ils s'enchaînent tous et forment un droit coutumier compact dont aucune législation écrite ne peut donner la clef. Les avocats les plus expérimentés en ces matières s'inclinent devant les lumières spéciales des tribunaux de commerce et si leurs jugements quant à ces choses sont exempts de critiques, c'est, peut-être, autant parce que personne ne serait en état d'en faire une sérieuse, que parce qu'ils sont l'expression de la justice et de la vérité.

Nous répondrons volontiers aux partisans des idées que nous combattons ce qu'ils nous disent eux-mêmes : un homme, quelqu'intelligent qu'on le suppose, ne peut pas tout savoir. Un juge civil n'est point obligé d'être commerçant ni de connaître le droit commercial, mais un négociant ne peut l'ignorer sous peine d'être arrêté court dans sa carrière ou d'arriver à la ruine.

Que dirons-nous surtout à notre époque où les changements journaliers du régime commercial amènent invinciblement des modifications législatives qu'il faut comprendre et pratiquer immédiatement ! Toujours par la même raison, le commerçant que cette législation touche directement dans sa fortune se l'assimile promptement. Il est en mesure de l'appliquer immédiatement parce qu'il en comprend, sans même les étudier, les principes et les conséquences. Son intérêt est le plus puissant auxiliaire de son intelligence. En serait-il de même d'un juge civil qui ne pourrait jamais voir que la lettre d'un texte isolé à appliquer, sans être à même de saisir les rapports intimes qu'il peut avoir avec tout l'ensemble de la marche des affaires et de la législation ?

Concluons donc en disant qu'une mesure radicale qui aurait pour conséquence la suppression des tribunaux consulaires porterait un coup mortel au commerce. Il suffirait d'un procès pour ruiner un négociant. Que l'on supprime les siéges inutiles, rien de mieux. Nous comprenons que dans ceux-là se révèlent les abus et les inconvénients qui sont une arme dans les mains des adversaires de l'institution. On répudiera ainsi les charges de l'héritage que nous a transmis la loi de 1790, pour revenir aux véritables principes posés par la déclaration de 1579. Mais qu'on n'aille pas plus loin, et qu'on ne punisse pas ceux qui n'ont jamais démérité pour des fautes que d'autres peuvent commettre.

Que si l'on nous demandait pourquoi nous disons ces choses dans cette préface plutôt que dans le courant de notre ouvrage, nous répondrions que c'est parce que cette lacune nous a été signalée par l'honorable rapporteur de l'Académie de législation. Il s'est demandé si c'était un oubli ou un calcul de notre part ; c'est tout à la fois un oubli et une méprise. Dans notre travail, nous avons cru suivre exactement le programme tracé par l'Académie, et l'idée de la suppression radicale de la juridiction consulaire se révélait si peu dans ses termes qu'après nous avoir engagé à rechercher dans l'histoire les développements successifs qu'elle avait pris depuis son origine jusqu'à nos jours, il nous demandait d'indiquer les moyens de mettre l'institution consulaire en rapport avec l'augmentation du commerce et les progrès incessants de la science du droit. Ce serait, il faut en convenir, un singulier moyen de fortifier la juridiction consulaire que de la supprimer. L'Académie de législation, dont l'opinion a plus de poids que la nôtre et celle de certains publicistes, semblait donc mettre la question que nous venons de traiter en dehors de la controverse et nous n'avons pas cru devoir la soulever.

Nous nous sommes mépris sur l'étendue de notre tâche ; nous l'avons crue terminée lorsqu'elle ne l'était véritablement pas. Nous avons commis une faute, nous en avons porté la peine, mais nous nous hâtons de la réparer.

En outre, nous pensions que l'opinion que nous venons de combattre n'était pas assez sérieuse pour mériter une discussion. Nous nous trompions encore et, depuis le concours, il s'est présenté pour la soutenir un nouveau champion que son nom seul pourrait rendre redoutable [1]. Nous avons donc voulu rendre notre œuvre aussi complète que possible en comblant la seule lacune qui nous était signalée, en essayant de réfuter une doctrine qui nous paraît inexacte. A défaut de l'Académie de législation dont le patronage ne nous aurait sans doute pas manqué, le public jugera.

Mars 1866.

---

[1] *Étude sur les Tribunaux de Commerce,* par Rivière, président du tribunal civil de Mauriac. — Extrait de la *Revue pratique du droit français,* t. xx. — Paris, Maresq aîné.

HISTOIRE CRITIQUE

LA JURIDICTION CONSULAIRE

EN FRANCE.

CHAPITRE PREMIER.

CAUSES DE L'ÉTABLISSEMENT DE LA JUSTICE CONSULAIRE EN FRANCE. — DÉVELOPPEMENTS PROGRESSIFS DU COMMERCE DEPUIS LES TEMPS BARBARES JUSQU'AU XVI⁰ SIÈCLE. — INSTITUTIONS JUDICIAIRES A CETTE ÉPOQUE. — OPINION DE MEYER. — RÉFUTATION.

LES tribunaux consulaires ont été établis en France par un édit rendu sous Charles IX, en novembre 1563, L'Hôpital étant chancelier.

Il était donné au siècle de la Renaissance de jeter les bases solides d'une institution qui, plus modeste que les glorieux monuments de l'esprit humain qui surgissaient de toute part autour d'elle, est arrivée cependant jusqu'à nous sans même être ébranlée par les tempêtes révolutionnaires du siècle dernier. C'est que les institutions durables sont celles qui sont la conséquence des besoins réels des peuples ; c'est que le commerce, cet aliment nécessaire de la civilisation, n'a d'existence possible qu'à l'abri de la sécurité de ses transactions; c'est que cette sécurité ne s'obtient qu'à l'aide d'une réglementation protectrice des intérêts bien entendus des commerçants.

Le développement des affaires commerciales et la difficulté de faire juger les contestations des négociants par les juridictions de droit commun, telles ont été, à un moment déterminé, que nous plaçons vers le milieu du xvie siècle, les causes principales de la création des tribunaux consulaires, dont nous nous proposons de retracer l'histoire.

A quel degré de prospérité était donc arrivé le commerce de la France dans la seconde moitié du xvie siècle ? Quelles étaient ses ressources ? Quels étaient ses besoins ? Ce sont des questions qu'il est curieux de résoudre en jetant un regard rapide sur la marche de la civilisation commerciale jusqu'à ce moment et en l'étudiant à l'aide des documents législatifs qu'elle a nécessités. A défaut de statistiques, nous pourrons arriver ainsi à nous faire une idée à peu près exacte de l'histoire du commerce, sans sortir du caractère tout juridique que doit conserver cette étude.

Quoique le commerce soit de tous les temps et de tous les lieux, quoiqu'il ait été florissant dans l'ancien monde, il n'en est pas moins certain que la féodalité, suite directe de l'invasion, dut profondément affecter son existence. Les guerres nombreuses et cruelles qui ensanglantèrent le moyen âge, le joug que le régime politique d'alors faisait peser sur les classes laborieuses, étaient des entraves insurmontables au développement du commerce, qui ne vit que de sécurité et de liberté. Cependant, sous la main de fer qui l'écrasait, il vivait, faiblement, il est vrai; mais des circonstances diverses firent que la servitude ne l'étouffa pas complètement et qu'il put même prendre assez de forces pour se trouver presque debout quand la féodalité fut abattue.

Les besoins toujours croissants des populations auraient suffi pour entretenir un trafic nécessaire à l'existence même. Il faut chercher là, dans les temps qui suivirent l'établissement des barbares dans la Gaule et sous les premiers rois de France, au moins jusqu'à l'époque des croisades, le berceau de notre commerce. Pendant des siècles, il dut se borner à la vente des produits du sol et à l'exercice des métiers industriels. Les communications n'étaient ni sûres ni faciles; et les chefs barbares, devenus barons féodaux, songeaient plutôt à piller les marchands qui passaient sur leurs terres qu'à favoriser leur trafic en les protégeant. Pourtant, dans ces temps malheureux, tout le territoire n'était pas soumis aux seigneurs, tous les hommes n'étaient pas des serfs. Des cités florissantes et populeuses s'étaient reconstituées, surtout dans le midi de la France, sur les débris des municipalités romaines. Ceux qui fuyaient la servitude vinrent augmenter la population des villes. De quoi vivaient donc ces *vilains,* plus tard ces bourgeois, qui n'avaient ni terres ni serfs, si ce n'est de l'industrie et du commerce ? et quel essor ces professions durent-elles prendre quand l'affranchissement des communes vint leur donner la vie en leur donnant la liberté !

Indépendamment de ces grandes cités où les barbares s'étaient promptement assimilés aux Gaulois vaincus, où les arts étaient cultivés, où la civilisation n'avait point péri, il devait exister sur les côtes de France, et principalement dans les provinces baignées par la Méditerranée, un trafic maritime relativement plus étendu que le commerce intérieur. Quoiqu'alors la navigation ne consistât qu'en un cabotage très-restreint, des relations se suivaient, non-seulement entre les ports d'une même nation, mais encore entre les nations

elles-mêmes. Les produits du sol s'échangèrent
continuellement par la voie de la mer. Quand le
grand trafic du monde entier se faisait entre l'Asie
et l'Arabie, le vrai commerce de l'Europe, ce
que nous appellerions aujourd'hui le haut commerce, s'était réfugié à Constantinople. C'était
l'entrepôt général de l'Europe. Les denrées des
Indes y arrivaient par la Perse, alors florissante;
et de là, le petit cabotage, suivant les côtes de la
Grèce, de l'Italie et de l'Espagne, après mille trans-
bordements, venait apporter en France les marchandises étrangères et charger pour les ports
qu'il avait récemment quittés. Il est, d'ailleurs,
aisé de juger, par la perfection de la législation
maritime à cette époque, que ce commerce avait
une certaine existence. On pourrait dire qu'il était
dans l'adolescence quand celui de l'intérieur existait à peine. Les *jugements d'Oléron*, attribués à
Éléonore d'Aquitaine et qui furent promulgués
vers l'an 1150, ne sont que la réunion en forme
de lois des usages, des coutumes suivis par le commerce nautique; et ces usages eux-mêmes n'étaient
que le souvenir et l'application de lois antérieures,
publiées à diverses époques et remontant à la plus
haute antiquité. Les temps barbares n'avaient
porté aucune atteinte à la législation maritime.

Mais bientôt les croisades vinrent apporter un
élément vivifiant à la civilisation et au commerce

en donnant à l'Europe la connaissance et le goût des produits lointains. Et, si d'abord la France ne s'éleva pas au niveau des autres nations, son commerce dut cependant ressentir un contre-coup énergique du développement général qui s'opéra dans l'existence de ses voisins. La civilisation des puissantes républiques de l'Italie, des opulentes cités des Flandres et du merveilleux royaume des Maures d'Espagne ne devait elle pas entrer par tous les pores dans cette France qu'elle étreignait de tous côtés? Les besoins généraux de la société prirent alors un accroissement énorme. Les classes riches aspirèrent vivement à un bien-être matériel et à un luxe jusqu'alors inconnus. Leurs vêtements furent faits avec de précieuses étoffes, les murs de leurs demeures furent couverts des tapisseries de la Flandre; ils demandèrent de belles armes à l'Espagne et à l'Italie. N'était-ce pas alors que l'art gothique accomplissait ses prodiges? Ne fallait-il pas un trafic pour procurer aux naïfs ouvriers de ces temps les matières premières sur lesquelles s'exerçait leur génie, soit en peignant les vitraux des grandes cathédrales, soit en créant ces inimitables joyaux qui font encore aujourd'hui notre admiration?

Pourtant, si les croisades donnèrent une impulsion immense au commerce de l'Europe, comme nous le disions, la France n'en ressentit que le contre-coup. La lutte des grands vassaux et de la Couronne, les guerres étrangères qui l'affaiblirent tinrent pendant longtemps le commerce dans un état de langueur dont il ne commença à sortir qu'à l'instant où les communes eurent définitivement acheté ou conquis leur liberté. En effet, il a toujours été l'apanage du peuple ou de la bourgeoisie à l'exclusion de la noblesse, et peut-être devons-nous remonter à l'époque de la conquête pour trouver la source de ce dédain traditionnel pour toute profession mercantile de la part de ceux qui font ou prétendent faire partie de la caste nobiliaire. A l'époque qui nous occupe, si c'était un dédain, il était engendré par une nécessité sociale. Le seigneur était guerrier. On pourrait dire que c'était sa profession. Descendant des compagnons des chefs barbares, possesseur de terres et de serfs que la conquête lui avait donnés, ignorant et sans possibilité de s'instruire, trouvant chez lui tout ce qui suffisait à son existence rudimentaire, il passait sa vie à guerroyer et à se reposer de ses expéditions. Rien d'étonnant dès lors qu'il ne pensât même pas à augmenter son bien-être par l'augmentation de richesses que lui aurait procurées l'exercice d'une profession. Mais cette habitude fut érigée en principe et, aujourd'hui encore, faire le commerce, c'est déroger; principe absurde, qui peut être l'une des causes de l'infériorité du com-

merce français relativement à celui de l'Angleterre, où les cadets des grandes familles sont les
riches négociants du pays. Quand la force des seigneurs fut abattue par la royauté, quand les guerres furent faites par des armées permanentes, il
ne resta aux fils des anciens preux d'autre alterna-
tive que de mendier les faveurs royales ou de vivre
dans leurs terres, étrangers aux progrès de la civilisation, insouciants des forces qu'acquérait le
peuple et qui finirent par les étouffer. Si, au lieu
de cela, ils avaient employé leur intelligence, leur
autorité et leur fortune dans des opérations commerciales qui les auraient forcément mêlés aux
intérêts les plus puissants de la nation, peut-être
auraient-ils pu diriger le mouvement social qui les
a brisés. Ils auraient toujours donné au commerce
de leur pays une importance considérable et à la
France une prépondérance qu'elle n'a pas toujours
eue. En tout cas, de nos jours, alors que leurs priviléges et leur fortune sont évanouis; que les fonctions publiques sont exercées par les capacités de
toute origine, il serait à notre avis plus honorable
pour certains représentants des anciens chevaliers
de se distinguer dans les campagnes pacifiques du
commerce et de l'industrie, au grand jour, en
donnant l'exemple, que de vivre inutiles à leurs
concitoyens ou de compléter leur ruine en essayant
de refaire clandestinement par l'agiotage leur for-

tune délabrée. Aujourd'hui, cette conduite est un tort ; à l'origine, elle fut un malheur nécessité par l'état social. Mais nos regrets sont stériles. Il était dans la destinée du commerce de France d'être constamment privé du puissant concours que pouvait lui donner la classe la plus intelligente et la plus riche. Il était dans sa destinée de naître et de grandir au milieu d'obstacles et d'édifier son avenir sur des bases d'autant plus solides qu'il a dépensé plus de labeurs à les asseoir.

Constatons donc que les croisades, en important des besoins nouveaux, et l'affranchissement des communes, en délivrant, vers le même temps, de la tyrannie des seigneurs les seules personnes qui pouvaient exercer une profession mercantile, durent donner un élan énorme que nous pouvons considérer comme la manifestation première de l'existence du commerce.

Bientôt les rois s'aperçurent que les échanges, qui enrichissaient ceux qui les faisaient, pouvaient être une source de revenus. C'était aussi l'époque où ils se mêlaient assez volontiers des affaires de leurs puissants vassaux et où ils favorisaient les aspirations populaires. La bourgeoisie en s'enrichissant pouvait devenir une force à opposer à la féodalité. Dès lors, on remarque deux tendances bien distinctes dans les idées de la royauté : d'une part, favoriser le commerce par tous les moyens possibles; de l'autre, le surcharger d'impôts. Ces deux idées, exclusives l'une de l'autre, semblent pourtant marcher de front dans l'esprit des rois du moyen âge. Il est certain que l'établissement des foires, leur nombre, leur fréquence, la faveur avec laquelle les marchands étrangers étaient reçus dans nos ports, les priviléges qu'on leur accordait, n'avaient d'autre but que de favoriser le commerce. Les rois, du reste, l'avouent hautement dans les préambules de leurs ordonnances. On y lit à chaque ligne que le commerce, en enrichissant ceux qui l'exercent, enrichit aussi le pays; « que le fait de marchan- » dises est d'une utilité extrême pour la chose » publique; » mais en même temps, et sans prendre la peine d'expliquer ce que l'on comprend si bien d'ailleurs, les coffres du roi ou du puissant seigneur ne sont pas oubliés. Impôts à l'entrée des marchandises dans le royaume, dans la province, dans la ville; péages sur les ponts, sur les routes, sur les rivières; taxes foraines, redevances de toute nature, confiscation arbitraire; rien n'était négligé pour faire payer cher aux commerçants la protection qu'on voulait bien leur accorder. Du reste, et surtout quand les rois sont à peine maîtres de quelques provinces, pas de plan général pour favoriser ou entraver le trafic. Tout se fait suivant le besoin, ou plutôt suivant l'idée du moment.

Toutes les prescriptions sont purement locales, libérales un jour, restrictives le lendemain. Tel est l'ensemble de la législation commerciale dans son enfance, au moins jusqu'au XVe siècle.

La preuve de tout ce que nous venons de dire se rencontre dans les ordonnances de nos rois réglant ce qui peut concerner le commerce et les commerçants, « la marchandise et les marchands. » Il serait fastidieux de les énumérer toutes. Nous nous contenterons d'indiquer, avec les plus curieuses, celles qui viennent appuyer le plus solidement les opinions que nous avons émises [1].

Nous ne citons qu'au point de vue archéologique le premier acte législatif qui parle des métiers. (Lettres données à Paris par Philippe Ier, en juillet 1061, en faveur des maîtres chandeliers et huiliers de Paris, qui leur permettent la vente au détail), et nous arrivons du premier coup au règne de saint Louis, à l'année 1260. Alors apparaît le monument le plus ancien des ordonnances de police. C'est le livre des métiers, rédigé par Etienne Boileau ou Boilev, prévôt des marchands de Paris. C'est un véritable code fixant, dans sa première partie, l'organisation de cent-un métiers; dans la seconde, les droits de police ou de voirie auxquels les

[1] Tous les documents législatifs cités dans ce premier chapitre sont tirés du *Recueil général des anciennes lois françaises depuis l'an 420 jusqu'à la révolution de 1789*, par MM. Isambert, Decrusy et Taillandier.

marchands pouvaient être assujettis, et, dans la troisième, les juridictions qui devaient connaître des contestations entre marchands.

Mentionnons, en suivant l'ordre chronologique, une ordonnance donnée à Paris, le 7 mars 1294, par Philippe-le-Bel, portant concession aux marchands ultramontains, moyennant un droit sur leurs marchandises, de faire le commerce aux foires de Champagne et de Brie, avec stipulation que les difficultés seront vidées par les officiers desdites foires; — des lettres données à Compiègne, en 1295, par lesquelles le roi et la reine accordent aux Lombards la faculté de faire le commerce des marchandises dans les lieux qui leur seront assignés, moyennant une redevance suivant l'usage des foires de Champagne; — des lettres datées d'Arras, le 25 juillet 1304, en faveur des marchands du Brabant, qui leur permettent d'entrer en France et d'importer et d'exporter des marchandises à certaines conditions.

Sous Philippe-le-Bel, on constate l'existence des courtiers. Le commerce avait donc pris une extension assez grande pour nécessiter, même avant cette époque, l'aide d'intermédiaires [1].

[1] C'est une erreur d'attribuer à Philippe-le-Bel la création d'une institution qui existait avant lui. Il semble seulement que jusqu'alors la profession de courtier était complétement libre et qu'il la réglementa par l'ordonnance de 1312 à laquelle nous faisons allusion, en assujettissant ceux qui voulaient l'exercer à se contenter du droit de courtage pour leur

En juillet 1315, sous Louis X, nous trouvons des lettres homologuant l'accord fait entre les officiers du roi et les marchands sur la Seine, relatif au droit de navigation ou péage sur chaque nature de marchandises. Philippe VI permit à tous marchands, de quelque pays qu'ils fussent, d'apporter et de vendre à Paris toutes sortes d'étoffes et de toutes couleurs. (Lettres données à Paris, en juillet 1336.) Nous avons du même souverain une déclaration portant règlement pour le commerce entre les sujets du roi et les marchands de Gênes et de Savone (Longpont, 4 décembre 1337); des lettres portant concession de priviléges aux marchands étrangers d'Aragon et de Majorque dans la ville d'Harfleur. (Vincennes, novembre 1339.) Ces lettres sont remarquables à plus d'un titre. On y voit que le « prévost et le conseil des » bourgeois de ladite ville d'Harfleur doivent » bailler et ordonner auxdits marchands courra-

salaire, en les faisant nommer par l'autorité et en leur imposant le serment, prescriptions maintenues dans la législation actuelle. Les termes de cette ordonnance sont assez curieux:

« Ne ne pourra, ne devra par son serment faire convenance ne mar-
» chiez nulz à ses marchans, aus vendeurs ne aus acheteurs, en faisant
» l'office de sa courraterie, que ils lui doignent pour son salaire fors
» que le droit de courretage *anciennement accoustumé,* ne lesdits mar-
» chans ne li douron ne promettron pour marchiez que il entendent à faire
» fors que son droit de courretage. Et que nul ne puist user de courretage
» sans le congié du maistre de métier et de son conseil don lieu ou de la
» justice, se mestre ni avant et jusques a tant que devant le maistre ou la
» justice il aura fait le serment que faire doivent ou devront courratiers. »

» tiers bons, loyauds et suffisants, pour leur vendre
» leurs marchandises, » et si ces courtiers faisaient
vendre à des gens dont les marchands étrangers
n'étaient pas payés, ceux-ci avaient recours contre
eux pour le dommage qu'ils avaient ainsi encouru
par leur faute. Les contestations entre les étrangers
et les autres marchands doivent être jugées par le
prévôt et deux bourgeois de la ville, lesquels, « les
» courratiers et témoins entendus, feront bon et
» brief droit, sommairement et de plain, et de jour à
» jour, le plus tost qu'il pourra estre fait bonnement.»

Nous n'avons pas l'audace de voir là le germe
de la procédure devant nos tribunaux de commerce,
mais nous constatons la tendance qui se manifeste
déjà de soustraire les affaires commerciales aux
lenteurs de la procédure du droit commun.

Les foires étaient alors le grand moyen de commerce. Les marchands de tous pays y étaient attirés par les priviléges qu'on leur accordait. De nombreuses ordonnances réglaient l'ordre de ces
grandes assemblées. Relativement à celles de
Champagne et de Brie, de beaucoup les plus
importantes alors, diverses ordonnances furent
rendues, notamment en 1261, 1294, juillet 1311,
juin 1317, mai 1327, décembre 1331, juillet 1344.
Mais la volonté royale n'était pas toujours exé-
cutée, et si elle se manifeste si souvent pour dire

la même chose, c'est que les abus l'étouffaient
bien vite. L'ordonnance rendue par Philippe VI
à Vincennes, le 6 août 1349, sur les priviléges et
la tenue des foires de Champagne et de Brie n'est
que le développement des précédentes. « Si comme
» il est de nouvel venu à nostre cognaissance,
» dont plusieurs bons et loyauds marchans, repai-
» rans en icelles (foires) les ont dévoyées et lais-
» sées pour ces causes (fraudes et perte des privi-
» léges) au grand grief, préjudice et dommage de
» nous et de nostre royaume, et de tous les pays
» et marchans repairans lesdites foires... » Ces assises commerciales étaient ouvertes à tous les
étrangers, « Italiens, Outremontans, Florentins,
» Milanois, Lucquois, Genevois, Vénitians, Alle-
» mans, Provençals et d'autres pays. » La justice
y était rendue, d'après l'ordonnance que nous
analysons, par une Cour des foires, composée des
gardes des foires et quelquefois de notables; on
devait juger avec équité et célérité. Ces espèces de
tribunaux de commerce ne connaissaient pas, eux
non plus, de l'exécution de leurs jugements. « Tous
» officiers de Champaigne, tant baillifs comme au-
» tres, seront subjects auxdits gardes desdites foires
» pour accomplir la teneur des mandements adres-
» sés auxdits officiers. » (Art. 27 de l'ordonnance.) [1]

---

[1] C'est à cette ordonnance de 1349 que quelques auteurs font remonter
l'origine des tribunaux de commerce.

Mais déjà le territoire est envahi depuis longtemps. Les rois sont prisonniers des Anglais ou
privés de leur raison. Les grands vassaux tout
puissants se disputent l'ombre du pouvoir et les
lambeaux de la France. Le pays est ruiné par les
impôts et les gens de guerre. La misère des
peuples est au comble. Le commerce est impossible
et attend des jours meilleurs. Les gouvernements,
d'ailleurs, ne s'occupent pas de lui. Les documents
législatifs sont muets à son égard; et c'est sans
doute une ironie de l'histoire qui nous fait trouver,
à la date du 14 mai 1403, pendant la folie de
Charles VI, une lettre du roi, en réponse à celle
de Tamerlan, pour assurer la liberté du commerce
entre leurs sujets respectifs. Et puis, l'occupation
étrangère cesse. Charles VII a reconquis son
royaume. La sécurité renaît et le commerce avec
elle. Aussitôt on vient à son secours. Le roi ac-
corde trois foires franches par an à la ville de Lyon
(lettres d'Angers du 13 février 1443) et rétablit
celles de Champagne et de Brie avec exemption
de tous les impôts pendant les dix premiers jours.
(Château de Sarry-lès-Châlons, 19 juin 1445.)

Louis XI, qui s'appuyait sur le « menu peuple »
contre les grands, et qui inaugura le système de
gouvernement des temps modernes, par les
moyens purement intellectuels, comprit l'importance qu'il pouvait tirer du commerce, non-seule-

ment dans l'intérêt de la royauté qu'il voulait forte, mais aussi dans l'intérêt de la France qu'il voulait prospère. La tâche était lourde. A son avénement, le royaume n'avait pas encore réparé les ruines que lui avaient faites des guerres qui durèrent un siècle. Mais l'histoire dit comment il trouva la France et comment il la laissa. Le commerce suivit la fortune du pays. Le système de Louis XI est tout favorable. Attirer les marchands étrangers, plus riches et plus avancés que les nôtres, donner toute latitude au trafic, tel est le but auquel tendent ses nombreuses ordonnances. Il accorda des priviléges aux marchands du Brabant, des Flandres, de Hollande et de Zélande. (Lettres de février 1461.) Il les exempta du droit d'aubaine en cas de décès, du droit de naufrage, de certaines charges extraordinaires dans les ports; leurs procès durent être jugés par le gouverneur ou le juge le plus voisin. Des lettres d'avril 1464 portent concession de priviléges aux marchands de la Hanse Teutonique, et la liberté du commerce la plus entière leur est accordée pendant dix ans par lettres du 25 août 1473. Le bienfait des priviléges commerciaux est étendu aux villes hanséatiques (août 1483), à la république de Venise et même aux Anglais, « nos ennemis anciens, » comme disent les documents du temps. Mais les Anglais faisaient un commerce considérable, surtout à Bordeaux, où ils venaient chercher des vins en échange des laines qu'ils importaient. Des lettres du 8 janvier 1475 portent exemption de droits et d'obligations nombreuses en faveur des navires anglais qui viennent à Bordeaux. Enfin une ordonnance du 26 mai 1472 avait accordé aux habitants de la Rochelle la liberté de trafiquer en tout temps avec l'étranger, même quand on serait en guerre avec lui. Les marchands étrangers sont donc attirés en France par tous les moyens; mais il faut qu'ils aient des facilités pour se défaire de leurs marchandises. Aussi Louis XI ne néglige point les foires. Il en établit deux par an à Bayonne (mai 1462), quatre dans la ville de Lyon (mars 1462), avec exemption de droit d'entrée et de sortie pour les marchands et les marchandises. Les marchands étrangers ont le droit de tester; ils sont exempts du droit d'aubaine; leurs contestations sont jugées par le sénéchal de Lyon, gardien des foires « sans longs procez et figure de plaids [1]. » Il existait aussi une foire célèbre à Saint-Denis. (Elle avait été fondée par Dagobert.) Les marchandises qui y sont apportées et achetées sont exemptes de tout droit. En même temps, le roi prenait des mesures pour éviter les

[1] Quoique nous ayons vu Charles VII établir trois foires à Lyon en 1443, Louis XI est cependant considéré comme le véritable fondateur de ces célèbres assemblées, à raison de l'importance considérable qu'il leur donna.

effets de la concurrence étrangère. Les foires de Genève attiraient une partie du commerce français. Il ne faut pas que l'argent de la France sorte du royaume. De là les lettres du 20 octobre 1462, portant défense à tous les marchands français d'envoyer rien ou de rien acheter aux foires de Genève, et aux marchands étrangers, de passer ou de faire passer leurs marchandises par le royaume en allant à ces foires ou en en revenant. Des dispositions toutes contraires existaient relativement aux foires de Lyon, qui avaient été créées en partie pour contre-balancer l'influence de celles de Genève.

On le voit, le système de Louis XI fut patriotique et libéral; et si nous avons insisté un peu sur ce règne, c'est qu'il nous semble qu'en commerce comme en politique, il ouvrit une ère nouvelle. N'oublions pas non plus qu'alors la France, qu'on avait vu réduite à quelques villes pendant l'occupation anglaise, avait reconquis son ancien territoire. Elle y avait joint de nouvelles provinces et devait prochainement acquérir la Bretagne, c'est-à-dire être à peu près complète. Le système favorable au commerce devenant général, s'étendant de jour en jour sur de nouvelles contrées qu'il liait en un seul faisceau, dut encore singulièrement augmenter le trafic, le nombre des opérations commerciales et leur importance.

Les successeurs de Louis XI continuèrent à mettre ses idées en pratique; et si, à sa mort, on observe une certaine réaction, telle que celle qui se manifeste toujours dans les hommes et dans les choses quand un régime despotique a pris fin, cette réaction ne fut pas l'œuvre du gouvernement. Les idées de Louis XI étaient en avance sur celles de son siècle et surtout sur celles de son peuple; mais elles étaient tellement vraies qu'elles ne purent être mises en oubli un seul instant, et qu'elles restèrent la règle de la législation commerciale. La légère réaction que nous constatons à la suite du règne de Louis XI émane du peuple commercial lui-même. Elle se manifeste aux Etats-Généraux tenus à Tours en 1484. On se plaignit « touchant le fait de la marchandise » que les impôts grevant les transports par terre et par eau étaient trop lourds. On demanda que les différends fussent « vuidez par les juges ordinaires le plus » soubdainement que faire se pourra sans figure » de plaids. » On prétendit que les foires étaient trop nombreuses; qu'elles donnaient trop de facilités aux marchands étrangers pour emporter l'argent de France; on demandait qu'elles ne se tinssent pas si souvent, et surtout que celles de Lyon fussent supprimées. On tint en partie compte de ces doléances. On abolit quelques péages (mars 1485), sans doute rétablis peu de temps après;

on ne changea rien à la juridiction. Quant aux foires, on supprima celles de Lyon et on en transféra deux à Bourges et deux à Troyes (juin 1486). On rétablit ainsi les foires de Champagne et de Brie que celles de Lyon avaient fait tomber en désuétude et on leur donna des franchises complètes. Ce fut là tout ce qu'obtinrent les idées réactionnaires émises aux Etats-Généraux ; et, loin de diminuer le nombre des foires, Charles VIII en institua une nouvelle à Saint-Germain et Louis XII rétablit celles de Lyon. Ainsi, on peut dire qu'à partir du règne de Louis XI, le commerce, sans jouir d'une liberté absolue et illimitée qu'il ne possède pas même aujourd'hui, vit cependant cesser le système des entraves et des persécutions. Tous les peuples de la vieille Europe purent avoir des relations suivies avec la France. Tous les négociants étrangers purent s'y établir et y trafiquer à des conditions souvent plus favorables que les Français. Tous les priviléges accordés par Louis XI furent confirmés et étendus par les rois ses successeurs, dont presque toutes les mesures eurent pour but d'encourager les marchands français et étrangers [1].

---

[1] Voici les principales par ordre chronologique :

Amboise, septembre 1485.

Lettres portant confirmation des priviléges aux habitants et marchands de la Hanse Teutonique.

Lyon, février 1535.

Edit portant que ceux qui auront contracté des dettes en foire seront jus-

Sans sortir du caractère juridique qui doit dominer nos recherches, nous pouvons offrir un tableau saisissant de ce qu'était le commerce en

ticiables des juges institués à cet effet, et que les sentences, même provisionnelles, seront exécutées tant sur la personne que sur les biens du débiteur.

Le conservateur, gardien des foires, était le juge.

Cet édit fut motivé parce que les marchands, pour éviter les condamnations en foire, déclinaient la compétence du gardien et demandaient leur renvoi devant le juge ordinaire.

Châtellerault, 3 novembre 1536.

Edit accordant à tous les marchands du royaume la faculté de commercer librement avec l'étranger.

Saint-Denis, 11 juin 1549.

Lettres-patentes qui exemptent de tous droits les marchandises portées aux foires du Landit et de Saint-Denis.

Amiens, septembre 1549.

Edit sur l'imposition foraine.

L'imposition foraine était une sorte d'impôt analogue à celui de la douane. Quoique cet édit s'applique à des charges, nous le mentionnons parce qu'il contient la nomenclature des bureaux auxquels était perçu l'impôt, et que la liste des villes qui en étaient pourvues, trop longue pour être transcrite ici, prouve l'importance énorme du transit intérieur.

Saint-Germain-en-Laye, août 1550.

Déclaration qui permet aux marchands portugais de s'établir dans le royaume sans lettres de naturalité.

Wateville, 4 novembre 1550.

Déclaration réglant l'entrée des épiceries et autres denrées coloniales par les ports de la Rochelle, Nantes, Bayonne et Rouen.

Wateville, 4 novembre 1550.

Edit confirmant les priviléges accordés aux étrangers qui fréquentent les foires de Lyon.

Paris, 7 novembre 1551.

Déclaration confirmant les priviléges des marchands fréquentant les foires de Brie et de Champagne.

Fontainebleau, 3 février 1551.

Lettres de confirmation des priviléges des marchands des villes impériales qui trafiquent dans le royaume.

France sous Henri II. C'est le préambule d'une déclaration de ce prince, datée de Saint-Germain-en-Laye, août 1550, et qui permet aux marchands portugais de s'établir dans le royaume sans lettres de naturalité. Elle débute ainsi : « Comme les mar-
» chands et autres Portugais appelés nouveaux
» chrestiens, nous ayent par gens exprès qu'ils ont
» envoyés par deçà fait entendre que ayant cogneu,
» pour avoir depuis quelque temps en ça traffiqué
» dans nostre royaume, la grande et bonne justice
» qui s'exerce en iceluy et les gracieux traite-

Paris, 20 février 1552.
Edit pour les priviléges des marchands fréquentant la rivière de Loire.

Reims, 12 octobre 1552.
Edit qui confirme les exemptions accordées aux marchands qui fréquentent les foires de Lyon.

Saint-Germain-en-Laye, 7 avril 1553.
Déclaration qui exempte définitivement les marchands fréquentant les foires de Lyon d'imposition foraine, domaine forain, etc.

... Octobre 1554.
Déclaration qui exempte de tous droits, subsides et impôts les marchands écossais qui trafiquent dans le royaume.

Paris, 14 février 1557.
Edit qui permet la libre importation et exportation de toutes les marchandises, excepté des grains et des munitions de guerre.

Amboise, 26 mars 1559.
Lettres-patentes qui permettent aux Suédois de faire le commerce en France.

Les Suédois peuvent s'établir en France, y faire le commerce comme les Français, transmettre leurs biens de toutes façons. Ils peuvent même faire le commerce avec les ennemis du royaume. Les différends qu'ils ont entre eux peuvent être vidés par les juges de leur pays; ceux qu'ils ont avec des Français sont vidés par des juges français.

» ments que ont et reçoivent nos bons et loyaux
» subjects, et au contraire quelle punition et dé-
» monstration nous faisons faire des perturbateurs
» du commun repos, de sorte que cela fait que
» l'entrecours de la marchandise est mené et con-
» duit en telle liberté que sans aucune suspicion
» d'injure les marchands peuvent aller, traffiquer
» et fréquenter tels endroits de nostre dit royaume,
» païs, terres et seigneuries de nostre obéïssance
» que bon leur semble, et en toute seureté exercer
» leurs arts et manufactures.

» Considérans aussi que pour avoir de tous
» temps nos prédécesseurs et nous singulièrement
» favorisé les marchands de nostre dit royaume,
» nous les avons en beaucoup de villes d'iceluy
» advantagiés de beaux et grands priviléges par
» le moyen desquels ils font de grands gaings et
» augmentent de jour en jour leur trafficq.

» Et que pour la commodité de situation de
» nostre dit royaume par lequel, outre qu'il est
» fort fertile et abondant en bleds, vins et autres
» commodités requises pour la vie humaine, qui
» est un grand moyen aux marchands d'iceluy
» d'espargner, étant ceux des autres païs con-
» traints faire grandes dépenses à la nourriture
» de leurs familles, gens, facteurs, serviteurs et
» entremetteurs, fluent et passent plusieurs villes
» grandes rivières et fleuves navigeables sur les-

» quels se fait un grand trafficq, et en outre est
» pour la grande partie environné tant de la mer
» du levant que celle du ponant sur laquelle les
» estrangers voisins de nostre dit royaume, qui
» plus que nuls autres de toute l'Europe font train
» de marchandises fréquentent et marchandent
» ordinairement de sorte que le moyen de bien
» vivre est ouvert à chacun qui se veut employer
» en quelque sorte que ce soit. »

A ce tableau tracé d'une main royale, on voit
que nous n'exagérons rien de l'importance que
prit le commerce en France depuis l'époque que
nous avons assignée à sa renaissance. Veut-on
avoir la preuve que les gouvernements comprenaient la nécessité de le protéger et de le favoriser? Qu'on lise le préambule d'un autre édit de
Henri II, du 14 février 1557, qui permet la libre
importation et exportation de toutes les marchandises :

« L'on a toujours veu et cogneu par commune
» expérience, que le principal moyen de faire les
» peuples et subjects des royaumes, païs et pro-
» vinces, aisez, riches et opulents, a esté et est la
» liberté du commerce et trafficq qu'ils font avec
» les voisins et les estrangers, auxquels ils ven-
» dent, troquent et eschangent les denrées, mar-
» chandises et commoditez qu'ils leur portent des
» lieux et païs dont ils sont, pour en apporter

» d'autres qui y défaillent, avec or, argent et
» autres choses utiles, nécessaires et profitables,
» dont s'ensuit par ce moyen que le prince, le païs
» et subjects tout ensemble sont réciproquement
» accomodez de tout ce qui leur est nécessaire... »
Ne sont-ce pas là les véritables principes de l'économie commerciale? Ne faut-il pas, pour qu'ils se trouvent manifestés d'une façon si énergique, que leur application ait été rendue possible par l'expérience, c'est-à-dire par un développement considérable du commerce et de l'industrie?

La liberté du commerce et son développement sont deux choses corrélatives et inséparables. L'une est la cause, l'autre est l'effet. Cherchons donc plus avant encore et voyons si nous ne trouverons pas d'autres indices certains de l'importance commerciale que nous voulons établir vers le milieu du xvi⁰ siècle.

Quelque temps avant cette époque, on voit la législation se préoccuper de produits du sol et manufacturés auxquels elle n'avait jusque-là porté aucune attention. Les produits naturels que notre pays exportait, consistaient principalement en blés et en vins. Nombre d'ordonnances en fournissent la preuve, en imposant la circulation des vins, en autorisant ou défendant l'exportation des grains, même de province à province, suivant l'abondance ou la disette dans les récoltes.

Quant aux tissus et aux métaux, ils paraissent avoir dû être importés de l'étranger. Nous trouvons plusieurs ordonnances de François Ier relatives aux importations des draps d'or, d'argent, velours, taffetas, soie, damas, etc., qui semblent indiquer que la fabrication française est encore en arrière sous ce rapport; mais elle paraît avoir pris les devants en peu de temps. En effet, en 1551, on se préoccupe de réglementer la plantation des mûriers propres à la nourriture des vers à soie, et trois ans après, en 1554, des lettres du roi, confirmant les statuts des ouvriers de draps d'or et d'argent de la ville de Lyon, montrent, dans leur préambule, que la fabrication de cette ville était arrivée à un tel degré de prospérité, que les soies ne se tiraient plus du dehors, mais, au contraire, se prenaient chez nous pour alimenter le marché étranger. C'est encore vers le même temps qu'on rencontre de nombreuses ordonnances au sujet des mines de métaux qui existaient en certaine abondance. Mentionnons enfin, mais pour mémoire seulement, à cause du peu d'importance de cette industrie à son début, les manufactures de verrerie à la façon de Venise, dont le monopole fut accordé à un Italien sous le règne de Henri II.

Quoi qu'il en soit, le commerce intérieur et d'exportation de la France n'eût pas suffi, peut-être, pour nécessiter une juridiction spéciale. Aussi

n'est-ce pas là que nous devons chercher la cause
de sa puissance au xvi⁰ siècle. Mais nous avons vu
quels avantages étaient faits aux marchands
étrangers et à l'importation; c'est là surtout que
nous trouvons les éléments de sa fécondité. Des
événements d'une importance immense se rencon-
trèrent pour la développer. Les grandes découvertes du xv⁰ siècle, l'invention de la boussole, la
découverte de nouveaux mondes et de nouvelles
routes allaient métamorphoser la vieille société
commerciale. La France se trouvait dans une mer-
veilleuse position géographique pour profiter de la
révolution qui s'accomplissait. Dès ce moment, il ne
nous est plus possible, à l'aide de documents purement législatifs, de suivre l'accroissement du commerce qui s'y manifesta. Ces découvertes avaient
doublé la surface de la terre et avaient fait
connaître des produits qui devinrent de suite de
première utilité, soit pour la consommation, soit
pour la manufacture. Les voyages furent plus
longs. Il fallut des navires plus grands. Le
trafic, changeant de route, changea de nature.
De terrestre et intérieur qu'il était, il devint maritime et international ; et, au lieu des produits
des pays voisins, la France vit s'échanger sur
ses marchés les produits de l'univers entier.
Alors, les gouvernements durent prendre souci
d'une position nouvelle, source de produits im-

menses pour le pays. Ils durent faciliter par tous les moyens possibles un accroissement inépuisable de richesses. En un mot, ils durent mettre les institutions en rapport avec les besoins nouveaux. N'était-il pas, par suite, nécessaire de donner au commerce une justice prompte, équitable et peu coûteuse? N'était-ce pas un besoin impérieux de son développement progressif ou soudain, en tout cas, de son importance?

Nous l'avons déjà répété bien des fois, il faut au commerce liberté et sécurité [1]; non-seulement cette sécurité matérielle qui consiste à ne pas piller les marchandises sur les routes, comme aux temps barbares; mais bien cette sécurité morale dérivant des lois et qui permet aux commerçants d'avoir une confiance entière dans les institutions qui les protègent. Parmi celles-là, nous rangeons en première ligne la justice. Il faut que les transactions s'exécutent avec bonne foi, et c'est à la justice à faire respecter cette bonne foi. Il ne faut pas que les capitaux restent improductifs; que

---

[1] Nous ne voulons pas qu'on se méprenne sur la portée d'une expression. Quand nous parlons de la liberté du commerce aux xve et xvie siècles, nous n'entendons pas les mots « *liberté du commerce* » dans le sens qu'on leur donne aujourd'hui, c'est-à-dire de « *liberté illimitée* » et de « *libre échange.* » Nous voulons seulement dire que, malgré les impôts, la faveur des gouvernements avait donné une latitude considérable au commerce. Cette faveur et cette protection des temps modernes, comparées aux entraves de toutes sortes du régime féodal, nous croyons pouvoir lui donner le nom de liberté, au moins relativement et en tenant compte des institutions, des hommes et des temps.

le sort des opérations demeure en suspens, et, dans l'intérêt du commerce comme dans l'intérêt social, il est nécessaire que la justice ne soit pas trop lente. Elle doit être facilement abordable. Il faut que ceux qui veulent implorer son assistance ne soient point rebutés par de longs détours avant de l'approcher. Il faut enfin qu'elle inspire toute confiance en ses lumières à ceux qui lui remettent leurs plus chers et leurs plus sérieux intérêts.

Le commerce, avec ses besoins nouveaux, pouvait-il trouver ces conditions dans les institutions judiciaires de la France à l'époque où il prit le développement que nous avons dit?

On sait quelle était alors l'organisation judiciaire et comment elle avait pris naissance. On sait que, dans l'origine, toute justice était rendue par les pairs; que le roi, ou le seigneur haut-justicier, tenait sa Cour entouré de vassaux qui lui devaient le service de la justice comme celui de la guerre. A cette Cour étaient portées toutes les difficultés pendantes entre les vassaux du seigneur. Cet état de choses ne dura pas. Le roi, comme le seigneur, n'eurent plus le temps ou se fatiguèrent de tenir la Cour et ils commirent ce soin à un officier de leur suite, le sénéchal. Puis, la civilisation exerçant son empire irrésistible, on commença à juger, non plus suivant la seule équité ou le résultat d'un combat judiciaire, mais on discuta les usages et les lois dont on fit des compilations. Les clercs remplacèrent bientôt dans la Cour les seigneurs ignorants qui leur cédèrent volontiers leurs siéges, et la juridiction du seigneur et des pairs se trouva changée en un véritable tribunal de légistes. Pendant que cette transformation s'opérait, la royauté étendait son pouvoir et les bornes du territoire de la France. Le roi se faisait représenter partout où il en était besoin par un officier chargé, entre autres choses, de rendre la justice à sa place, de tenir la Cour en son nom. C'était le bailli ou le sénéchal. Ce bailli, soucieux des intérêts de son maître, attira à lui progressivement toutes les causes qui ressortissaient de la justice des seigneurs. Puis, le nombre des baillis devint insuffisant. On créa des magistrats avec des attributions purement judiciaires qui formèrent les présidiaux. Au XVIe siècle, on pouvait les considérer comme nos tribunaux de première instance. Mais chaque juridiction nouvelle laissa subsister les anciennes; de sorte que, à l'époque à laquelle nous nous attachons, malgré l'importance que prenait la justice royale exercée par les baillis, les sénéchaux, les présidiaux, les prévôts et autres juges inférieurs, la justice seigneuriale restait debout, au moins nominalement, et avec elle, la justice ecclésiastique, celle de l'université, celle des communes, celle des conservateurs des foires, celle des finances, divi-

sée elle-même en plusieurs branches ; enfin, « tout
» procès de quelque importance était promené de
» siége en siége, balloté par des demandes de
» renvoi et des incompétences perpétuelles, et né-
» cessitait souvent l'intervention du roi pour ter-
» miner, par un coup d'autorité, par une évocation
» ou autre arrêt du conseil, des questions insolu-
» bles d'après les coutumes qui servaient de
» lois [1]. »

Ainsi, une confusion inextricable dans les juridictions était déjà un obstacle à une bonne justice. Il faut ajouter à cela des lois ou des coutumes
différentes dans chaque province; partout, une
procédure compliquée, que les légistes appelés à
prendre la place des seigneurs avaient bien eu
soin de faire prévaloir pour s'emparer exclusivement des charges de judicature, et une négligence
remarquable de la part des juges à s'acquitter de
leurs fonctions. En feuilletant les recueils des anciennes ordonnances de nos rois, on voit, presqu'à chaque page, les juges rappelés à leurs devoirs « à peine de privation de leur office. » Nous
n'avons pas besoin de parler de la vénalité des
charges ou de celle des magistrats pour faire de
la justice inférieure le plus triste tableau. L'idée

---

[1] Meyer. *Esprit, origine et progrès des institutions judiciaires des principaux pays de l'Europe*, t. II, p. 451.

grande et sainte de la justice, telle que la comprend l'honnête homme, n'était demeurée intacte que dans les Parlements. Ces cours souveraines exerçaient dignement la belle et noble mission qui leur était confiée. Malheureusement, toutes les affaires n'allaient pas jusqu'à elles, et tous les intérêts des plaideurs qui n'avaient ni le temps, ni la possibilité de monter si haut, étaient, sinon complètement sacrifiés, du moins singulièrement compromis. Exagérons-nous?... Il serait long et fastidieux d'énumérer toutes les ordonnances qui furent rendues pour *réformer* la justice, soit de la propre initiative des rois, soit sur la demande des États-Généraux. Elles furent nombreuses et fréquentes, et prouvent, ou bien que l'organisation judiciaire était détestable, ou bien que les lois organiques n'étaient pas exécutées, en tout cas que l'administration était mauvaise. La main du même roi que nous venons de voir tracer un tableau si flatteur de l'état du commerce en France, en août 1550, est loin d'employer les mêmes couleurs quand il s'agit de peindre la justice à la même époque. En citant textuellement le préambule de l'édit de janvier 1551 qui érigeait des siéges présidiaux dans toute l'étendue du royaume, nous pensons prouver surabondamment tout ce que nous venons de dire.

« Considérans le grand soin et diligence dont

» nos prédécesseurs roys, de très-honeste mé-
» moire, ont usé, et nous consécutivement depuis
» nostre advènement à la couronne pour l'éta-
» blissement, ordre et conduite de la justice, et
» pour la faire promptement administrer à nos
» subjects, ayant sur ce fait plusieurs ordonnances
» bonnes, utiles et nécessaires pour l'abréviation
» des procez, sans que jusques icy l'on en ait
» peu tirer le fruict que nosdicts prédécesseurs et
» nous en avions espéré;

» Mais au contraire, par la même foy des par-
» ties, et souvent par l'excessif gaing et proffict
» qu'en tirent les ministres et suppôts de la jus-
» tice, par les mains desquels il faut passer, les-
» dites ordonnances, quelles que bonnes qu'elles
» soient, semblent quasi avoir produit et donné
» moyen de plus grande longueur auxdits procez,
» pour les subtilitez et involutions que l'on a ex-
» quis et trouvé à prolonger l'expédition d'iceux,
» et pervertir l'ordre et formalité de justice; de
» sorte que la pluspart de nos subjects délaissans
» et abandonnans leur forme et manière de vivre
» avec leurs arts, industries et tous autres nota-
» bles et vertueux exercices auxquels ils sont
» appelez, employent le temps de leur vie à la
» poursuite d'un procez, sans en pouvoir voir la
» fin, et consument leurs meilleurs ans, avec leurs
» biens, facultez et substances, en chose si serve

» et si illibérale qu'est cette occupation comme
» chacun scait... »

Nous le demandons, le commerce qui devenait
de plus en plus florissant pouvait-il se contenter
d'une pareille justice et n'aurait-il pas été étouffé
sous la mauvaise foi demeurant impunie avec une
sauvegarde insuffisante à le protéger? Le gouvernement dut comprendre que c'en était fait du
trafic qui se généralisait si on ne venait donner
sécurité complète aux transactions. D'ailleurs, les
commerçants devaient se plaindre de leur situation et demander qu'elle fût améliorée. Si nous
en croyons les ordonnances diverses qui instituent
les tribunaux consulaires, elles ont été rendues
« à la requeste des marchands. » Tenons donc
pour certain que les commerçants demandèrent
des institutions judiciaires plus favorables pour
eux, et que les rois, y voyant profit pour le commerce, pour l'État et pour le Trésor, s'empressèrent
de leur donner satisfaction.

Nous avons donc établi, pensons-nous, que l'importance du commerce et la mauvaise administration de la justice de droit commun ont été les deux
causes principales de la création des tribunaux
consulaires. Nous disons les deux causes principales; car il est vraisemblable qu'il y en eut d'autres et que l'institution dont nous recherchons
l'origine ne s'établit pas uniquement parce qu'un

jour du mois de novembre 1563, le chancelier
L'Hôpital s'aperçut que la justice du royaume ne
répondait pas aux besoins du commerce. Toutefois,
il ne faut pas aller chercher trop loin, et dans un
ordre d'idées tout à fait différent, la pensée qui
présida à la naissance de notre justice consulaire.
On connaissait déjà le principe fort juste que les
commerçants sont seuls capables de bien juger
une cause commerciale. Il y avait des exemples
en Italie, où les tribunaux de commerce existaient
depuis longtemps. Il y avait des précédents purement locaux et accidentels qui donnaient probablement de bons résultats et qu'il suffit d'étendre et
de généraliser. Ainsi, nous avons indiqué plusieurs ordonnances accordant des priviléges à des
marchands étrangers et qui enlevaient aux tribunaux de droit commun la connaissance des litiges
de ces marchands même avec les Français, pour
l'attribuer à une juridiction spéciale offrant en
général une certaine analogie avec la justice consulaire. Ces prescriptions étaient-elles tombées
en désuétude? Nous ne le pensons pas; car nous
les voyons renouvelées en 1559 en faveur des Suédois. D'un autre côté, de pareilles franchises devaient être profitables, non-seulement aux étrangers, mais aussi aux cités où ils étaient attirés.
Les villes devaient donc les considérer comme
un de leurs priviléges, et on sait qu'elles en

étaient assez jalouses pour ne pas les laisser
périr.

Mais le principe existait ailleurs plus visible et
plus général. Ne savons-nous pas que les foires,
le plus puissant agent commercial durant les siècles précédents, avaient une juridiction spéciale,
exclusive du droit commun? Toutes les contestations entre marchands, pour fait de marchandise,
étaient jugées par le sénéchal, ou gardien, qui,
parfois, s'entourait de notables commerçants. Et
un tel respect était porté aux arrêts de ce tribunal
qu'ils étaient exécutés même en pays étranger[1].
Dans la suite, l'établissement des tribunaux consulaires ne changea point la compétence du conservateur des foires, tant la base sur laquelle elle
reposait était solide. Nous voyons donc là le germe
ou plutôt l'exemple qui, modifié et étendu, donna
naissance à l'institution de 1563, quand le commerce fut devenu assez important et les commerçants assez nombreux pour la rendre nécessaire. En effet, les marchands se sont pendant
longtemps réunis aux foires. Ils accompagnaient
eux-mêmes leurs marchandises et les exposaient
pour les vendre. Les grosses affaires se traitaient
donc dans des villes et à des époques déterminées.
Mais un pareil état de choses ne fut plus suffisant
lorsque les produits exotiques, faisant invasion sur

____

[1] Merlin. *Répertoire*, v° Conservateur.

le marché, les transactions prirent le développement dont nous avons rendu compte. Dès lors, il
ne fut plus question pour les marchands d'accom-
pagner leurs marchandises à travers toutes les
routes du pays, ni d'attendre une époque fixe
pour s'en défaire. Ils durent se réunir dans le lieu
où ils se trouvaient et, en fait, sinon en droit,
les Bourses de commerce se formèrent partout où
il existait un centre commercial. Qu'est-ce, en
effet, qu'une Bourse, sinon une foire où les marchandises se vendent sans être exposées aux regards, où les prix s'établissent, où les nouvelles
s'échangent. La conséquence que nous cherchons
devient facile à saisir. Si le principe d'une juridiction spéciale aux anciennes foires était excellent, on devait pouvoir arriver à un résultat
analogue pour les réunions quotidiennes de commerçants qu'on réglementa plus tard sous le nom
de Bourses de commerce, mais qui devaient exister par le fait même de la présence d'un certain
nombre de commerçants dans la même ville. Nous
n'hésitons donc pas à penser que les juridictions
locales pour les étrangers et celles des grandes
foires furent des exemples précieux dont on se
servit pour la composition des tribunaux consulaires quand les besoins du commerce réclamèrent
cette institution [1].

[1] La Bourse de Toulouse, fondée en 1549, et celle de Rouen, en 1556.

Ce n'est pas tout. Il existe un document qui nous indique bien plus clairement encore les essais auxquels on se livrait, la tendance où l'on était de créer une juridiction spéciale aux affaires commerciales et surtout de les affranchir de toute la procédure alors en usage. C'est l'édit de François II, du mois d'août 1560, sur l'arbitrage forcé.

« Statuons et ordonnons, dit l'édit, que d'ores-
» navant nuls marchands ne pourront tirer par
» procez les uns les autres, pour fait de mar-
» chandise, par devant nos juges ou autres, ains
» seront contraints eslire et s'accorder de trois
» personnages, ou plus grand nombre, en nom-
» bre impair, si le cas le requiert, marchands
» ou d'autre qualité, et se rapporter à eux de
» leurs différends, et ce qui sera par eux jugé et
» arbitré tiendra comme transaction ou jugement
» souverain, sans qu'il soit loisible contrevenir
» à icelle par approximation ou appellation ou
» autrement. Et seront tenus nos juges, à la re-
» queste des parties, mettre ou faire mettre à
» exécution, sommairement et de plain, sans
» figure de procez, comme s'ils étaient donnés
» par eux.

» Et où les dites parties ne pourraient ni vou-

avaient une véritable juridiction consulaire. Si bien que quelques auteurs font remonter à 1549 l'origine des tribunaux de commerce que nous ne plaçons qu'en 1563.

4

» draient convenir de tels personnages, en ce cas
» le juge ordinaire des lieux les y contraindra, et
» au refus ou délay de les nommer, les choisira
» et nommera, sans que les parties soient reçues
» à appeler de ladite nomination. »

N'est-ce pas là une preuve manifeste qu'on cherchait des expédients contre un état de choses mauvais? Rien n'était assurément plus libéral que de faire rendre la justice sans magistrats, par tout citoyen choisi par les parties, sans frais et sans procédure. Cette idée fut plus tard adoptée avec enthousiasme par les Assemblées de la Révolution [1]. Mais au XVIe siècle, le remède était probablement trop énergique, et, soit qu'on s'aperçût bientôt qu'on s'était trompé, soit que, dès lors, le tribunal arbitral contînt toutes les imperfections qui en ont fait supprimer les derniers vestiges en 1856, toujours est-il qu'on chercha bien vite autre chose et qu'on en vint à constituer de véri-

---

[1] V. les lois des 16-24 août 1790; — 3 septembre 1791, tit. 3, chap. 5, art. 5; — 10 juin 1793; — 11 vendémiaire, an II; — 12 brumaire, an II; — 10 frimaire, an II, art. 26 et suiv.; — 17-21 nivôse, an II, art. 54 et suiv.; — 28 nivôse, an III; — 17 pluviôse, an III; — 5 fructidor, an III, art. 210 et 211. Ici s'arrête la série des documents législatifs favorables à l'arbitrage forcé. Une violente réaction se manifesta contre une institution dont on avait évidemment exagéré le but utile. A partir de la loi du 3 vendémiaire, et surtout de celle du 9 ventôse, an IV, toutes les contestations qui avaient successivement été attribuées aux arbitres, furent renvoyées aux juges ordinaires. Il ne resta debout, lors de la confection du code de commerce, que l'arbitrage forcé en matière de société commerciale, qui avait pris naissance dans l'ordonnance de 1673 et qui disparut définitivement dans la loi du 17 juillet 1856.

tables tribunaux composés de marchands et nommés par eux. L'idée fut plus heureuse et doit être comptée au nombre des plus beaux titres de gloire du chancelier L'Hôpital. A l'aide de quelques modifications nécessitées par les circonstances, elle est restée la source de la meilleure institution judiciaire qui existe.

Un auteur, que nous avons déjà cité[1], attribue l'origine des tribunaux de commerce au désir qu'ont eu les rois d'affaiblir les communes. Quoi de plus étonnant, s'écrie l'auteur, que de voir, en France seulement, une institution élective donnée au peuple par les rois, dans un pays purement monarchique! Comment attribuer au développement du commerce la création de tribunaux de marchands choisis par des marchands quand d'autres nations, bien plus commerçantes que la France, ne connaissaient et n'ont jamais rien connu de pareil! Il faut donc chercher, dans la sphère des intérêts purement politiques, l'idée d'une mesure si exorbitante des usages et des intérêts monarchiques, et cette idée, on la trouve dans les relations des communes et de la royauté. Dans l'origine, les rois furent excessivement favorables à l'affranchissement des communes; mais lorsque celles-ci furent devenues puissantes, et, sous le nom de tiers état, purent faire entendre leur voix aux États-

[1] Meyer. *Institutions judiciaires*, t. II, p. 588 et suiv.

Généraux en refusant des subsides, on commença
à craindre leur influence politique et on chercha
à diminuer leur force en diminuant leurs priviléges. « En accordant à une partie des bourgeois
» un des plus grands priviléges dont on privait la
» commune, on pouvait être sûr de la détacher de
» ses intérêts, et de se faire un parti, dans la com-
» mune même, prêt à sacrifier les droits de la
» masse entière pour se conserver quelques avan-
» tages : en favorisant les bourgeois les plus aisés,
» et surtout ceux qui étaient en état de faire avec
» le plus de facilité des avances pécuniaires, on
» se réservait la ressource des subsides et des
» impôts, lors même que la commune entière les
» aurait refusés. Les rois de France commencèrent
» donc à favoriser les négociants des communes
» pour en faire un parti séparé, que dans ces com-
» munes mêmes ils opposaient aux autres bour-
» geois.... Sous prétexte de protéger le commerce,
» ils accordèrent aux négociants la faculté de
» nommer, dans leur sein, une espèce de magis-
» trats qui seuls auraient le droit de terminer leurs
» différends, sauf néanmoins l'appel aux cours
» souveraines. Et cette invention satisfit tellement
» aux vues des rois, que, dans moins de quatorze
» ans, ce qui n'avait été qu'une faveur particulière,
» octroyée aux Bourses de commerce de Toulouse
» et de Rouen, devint loi générale du royaume par

» l'édit de 1563. Extension tellement subite, qu'il est
» impossible de l'attribuer aux effets favorables
» d'une pareille institution, lesquels auraient à peine
» pu se faire remarquer dans un si court intervalle ;
» mais qui prouve uniquement le désir que ma-
» nifestaient partout les commerçants de se séparer
» du reste de leur commune moyennant ce pri-
» vilége que ne remplaçait qu'imparfaitement l'an-
» cien droit d'élection des magistrats munici-
» paux [1]. »

Nous n'admettons pas une semblable opinion et
nous ne voulons pas la laisser passer sans la discuter. D'abord, il ne faut pas juger des besoins
d'un peuple par les institutions des autres. A quelque cause qu'on l'attribue, l'esprit de nationalité
existe et constitue une puissance avec laquelle il
faut compter. C'est une naïveté de constater la
différence qui existe dans le caractère et, par suite,
dans les mœurs des nations. C'est, à notre avis,
faire preuve d'une grande inexpérience, que de
vouloir, comme c'est aujourd'hui la mode, imposer
les mêmes institutions à tout le genre humain.
Tous les essais que l'on a tentés pour doter la
France d'une constitution politique calquée sur
celle de l'Angleterre n'ont pu réussir, et il est certain que notre système administratif ou judiciaire
ne serait pas accepté des Anglais. Il a fallu les

____
[1] Meyer. *Loc. cit.*, p. 594.

conquêtes de la République et de l'Empire, c'est-
à-dire *la force*, pour laisser chez les peuples du
continent qui vécurent momentanément sous nos
lois, des germes d'innovations sociales, qui commencent seulement à porter leurs fruits. Ainsi,
rien d'étonnant qu'au xvi⁰ siècle, des nations plus
commerçantes que la France ne sentissent pas le
besoin d'une juridiction nouvelle pour protéger
leur commerce, si celles qui existaient leur sem-
blaient suffisantes. En Angleterre, notamment, où
la tradition est la grande loi du pays, où le peuple
a le plus grand respect pour les plus vieilles institutions, nul doute qu'on n'ait pas même pensé à
une innovation pareille à celle qui se faisait en
France. L'argument a, d'ailleurs, été parfaitement
réfuté par Gouget et Merger. « Au moyen âge,
» disent-ils, les républiques italiennes possédaient
» toutes des juridictions consulaires. Toutefois,
» l'Angleterre et les Pays-Bas n'ont jamais eu de
» semblables tribunaux; mais cette exception,
» comme le fait très-bien remarquer M. Nouguier,
» s'explique par la situation particulière des deux
» pays. En Angleterre, le commmerce est la pro-
» fession de la majeure partie des citoyens, qui
» sont aussi membres des jurys appelés à statuer
» sur tous les procès; il était donc inutile de créer
» une juridiction spéciale pour le commerce; les
» commerçants sont toujours certains d'être jugés

» par leurs pairs. — Dans les Pays-Bas, où la jus-
» tice est rendue par une magistrature élective, il
» n'y avait également aucune raison pour distraire
» les affaires de commerce des tribunaux ordi-
» naires auxquels l'élection fournit des juges com-
» merçants par profession [1]. » On ne peut donc
pas dire, en règle générale, que c'est une nécessité
exclusivement politique qui a fait établir les tribunaux consulaires en France, en se fondant sur
cette raison que les autres nations, qui ne se trouvaient pas dans les mêmes circonstances, n'en
ont pas fait autant.

Cette nécessité politique, elle-même, existait-
elle? La force des communes était-elle assez grande
pour qu'on dût penser à les affaiblir en les divi-
sant?

Si nous nous reportons à l'état de la France, et
même de l'Europe, au XVI⁰ siècle, nous constatons
que le grand effort des communes, tel qu'il appa-
rait du X⁰ au XII⁰ siècle, est épuisé; et il est épuisé
parce qu'il a atteint son but. Soit que, dans quelques circonstances, il ait suffi, par sa propre énergie, soit qu'ailleurs et le plus souvent, il ait été
aidé par la puissance royale, l'élan des associations
communales, qui n'aspirait qu'à soustraire toute

---

[1] Nouguier. *Des Tribunaux de commerce*, t. I, p. 14.

Gouget et Merger. *Dictionnaire de Droit commercial*, v° Tribunal de commerce, § I, N⁰⁰ IV et V, t. IV, p. 921. C'est aussi ce que dit Carré.

une partie de la nation au joug de la féodalité, a
réussi. La féodalité est morte pour ne plus se relever. Les mots eux-mêmes ont changé aussi bien
que les choses. Au XVI° siècle, on ne parle plus des
communes. On dit le *tiers état,* comme plus tard
on dira le *peuple*. Ainsi, un premier fait à constater c'est que les communes, telles qu'on les comprenait au XII° siècle, n'ont plus de raison d'être.
Un second fait, qui se manifeste également au XVI°
siècle, c'est l'immense développement qu'a pris la
puissance royale. Du consentement même du peuple, la royauté s'emparait de toutes les forces du
gouvernement. Il est facile de suivre la marche
progressive et invincible de son pouvoir depuis
Louis XI jusqu'à Louis XIV. Elle fut assez forte
pour grandir sans qu'aucune barrière pût l'arrêter.
Elle a grandi sans obstacle et aussi sans crainte [1].
Eh bien ! au XVI° siècle, alors qu'elle accomplissait sa course victorieuse, pouvait-elle craindre
que les anciennes communes retrouvassent leur
force d'autrefois pour la renverser ou lui dicter
des lois? Si les communes n'existaient plus comme
autant de fiefs qui auraient pu remplacer ceux
des seigneurs, le *peuple* n'était pas né; le tiers
état n'avait pas acquis cette force de cohésion
qui le rendit plus tard le maître ; la France n'était

---

[1] Voir sur l'état de l'Europe au XVI° siècle et la puissance de la royauté,
l'*Histoire de la Civilisation en Europe,* par M. Guizot.

pas encore tout à fait complète. La Bretagne venait à peine d'être réunie à son territoire. Les villes des anciennes provinces, gardant, peut-être, les traces de leurs hostilités ou de leurs rancunes, n'avaient ni les mêmes intérêts, ni les mêmes priviléges. L'unité territoriale était presque faite, mais il n'était pas question de l'unité sociale. Les rois n'avaient donc pas à craindre une opposition générale des municipalités; quant aux soulèvements partiels, ils étaient promptement étouffés. Tenons donc pour certain que les anciennes communes n'étaient plus à même de porter ombrage à la puissance royale. Ce qui le prouve d'ailleurs surabondamment, c'est que dès lors les rois purent impunément affaiblir et même détruire ces priviléges qu'eux-mêmes avaient juré de maintenir, sans que les communes ou les provinces essayassent de résister. Elles étaient les plus faibles. L'autorité royale, représentée et appuyée partout par des serviteurs dévoués, ne craignait pas les difficultés que pouvaient lui susciter les magistrats municipaux.

Singulier moyen, du reste, pour affaiblir la commune que d'accorder un privilége considérable à la classe la plus riche et la plus intelligente! Mais, dit-on encore, on veut opposer la corporation des commerçants aux magistrats municipaux. — Et qu'arrivera-t-il si les magistrats municipaux sont choisis parmi les commerçants? — Mais le commerce sera toujours un appui sûr et fidèle de la royauté ! — Erreur!... le commerce n'a point d'opinion politique. Il se développe sous un système qui lui donne paix et sécurité ; il se resserre quand il n'a pas confiance. Aussi sera-t-il toujours partisan d'un gouvernement fortement établi, comme la royauté ; et un pouvoir semblable, s'il veut l'avoir pour soutien, n'aura qu'à laisser faire, sans qu'il soit besoin de lui accorder des priviléges excessifs. Il n'est pas dans l'essence du commerce d'être maintenu dans le devoir par la reconnaissance; il ne l'est que par l'intérêt. (Nous parlons, bien entendu, du commerce et non des commerçants.)

Mais quittons ces généralités de la théorie. Rapprochons-nous des faits. Examinons comment le système fut pratiqué et nous nous convaincrons davantage que l'on n'a jamais pu penser que la création des tribunaux de commerce fût un contre-poids à l'influence des magistrats municipaux.

L'édit de 1563 ne fut pas une mesure générale, comme le dit Meyer. Il suffit de le lire pour se convaincre qu'il est spécial aux marchands de Paris. Les tribunaux consulaires créés depuis, le furent soit par des ordonnances spéciales, comme ceux d'Orléans, de Nantes, de Poitiers, soit par une mesure générale prise en 1565, établissant un siége consulaire dans toutes les villes métropoles pourvues d'un juge royal. Mais une ordonnance du mois de mai 1579 supprima les juges-consuls dans toutes les villes inférieures où il y avait peu de commerce. Or, nous ne pouvons penser que des mesures qui tendaient à un résultat si grave et si important pour la royauté aient été prises par des hommes d'Etat intelligents, sans qu'on ait calculé leurs conséquences et leur durée possibles. Ce n'est pas dans un espace de quinze années que la puissance municipale aura été si bien abattue, que la nécessité de la contre-balancer presque partout par les juridictions consulaires ait cessé. Un système politique qui n'aurait pas eu une plus longue application ne serait pas né dans l'esprit de ceux à qui on l'attribue. Il faut donc admettre, en s'appuyant sur les textes législatifs, que, peu de temps après leur création, les justices consulaires furent l'exception et non la règle générale.

Enfin, il arriva une époque où le tiers état fut plus puissant que la royauté et la renversa. Alors toute l'administration eut pour base la commune et on se préoccupa de la fortifier par tous les moyens possibles. Si les tribunaux consulaires avaient dû être un dissolvant pour la commune, les hommes de la Révolution, qui savaient probablement l'histoire, les auraient brisés avec toutes les autres institutions de l'ancien régime. C'est le contraire qui aura lieu, et, sur les ruines de tous les tribunaux de la monarchie, nous ne trouverons debout que les justices consulaires [1].

L'opinion de Meyer est donc erronée, et il faut conclure que nous avons indiqué la véritable cause de la création des tribunaux de commerce. Nous verrons leur nombre s'accroître en même temps que la civilisation et le commerce se développeront. Nous verrons qu'en 1710, il y en avait cinquante; qu'on en créa alors vingt nouveaux, et, si nous franchissons les temps pour venir jusqu'à nous, nous en compterons aujourd'hui deux cent dix-neuf. Cette progression prouve surabondamment que nous avons dit la vérité sur leur origine. C'est le développement du commerce *seul* qui a nécessité l'augmentation du nombre des tribunaux. L'expérience suffit pour démontrer que les faits qui ont motivé l'extension de l'institution ont dû en motiver la naissance. Ainsi, au commencement, on crée environ quarante tribunaux consulaires. Bientôt, du moins, il n'en reste que quarante. Or, on peut dire sans exagérer qu'il y avait bien deux cents communes de quelque importance [2].

---

[1] On verra plus loin que, dans la discussion qui eut lieu à l'Assemblée nationale, le 27 mai 1790, sur la juridiction consulaire, il ne fut pas dit un mot, même par les adversaires de l'institution, laissant supposer qu'on la considérât comme un dissolvant pour la commune. (*Note écrite après le concours.*)

[2] C'est bien peu, mais c'est à peu près le nombre des arrondissements formés par les provinces qui faisaient alors partie de la France.

Peut-on penser dès lors que les quarante juridictions nouvelles auraient pu conjurer le danger
qu'inspiraient deux cents communes redoutables?

Eloignons donc une opinion que la raison et les
faits démentent. Ne cherchons pas au loin la cause
des événements quand la nature des choses la fait
rencontrer tout près. Peut-être les rois eurent-ils
la pensée qu'on leur prête, mais ce ne fut pas le
motif unique de la création des tribunaux consulaires. Non. Les causes que nous lui avons données, les essais que nous avons vu tenter nous
conduisent plus facilement et plus sûrement au
but que nous cherchons, et la mesure dut se produire naturellement quand son heure fut venue[1].
N'oublions pas non plus qu'alors, à la tête de
l'administration française, se trouvait un des
hommes les plus remarquables des temps modernes, et qui fut un *réformateur*. La gloire si
pure qui entoure le nom de L'Hôpital nous fait
comprendre facilement qu'il voulait une bonne

---

[1] En général, les auteurs qui, du reste, ont traité cette question fort
sommairement, admettent que les opérations commerciales ont toujours et
partout exigé une justice et des institutions particulières. Nous n'avons
donc fait qu'adopter l'opinion générale en la développant et en l'appuyant
de preuves que nous n'avons trouvées nulle part. V. Pardessus, t. v. p. 1;
Gouget et Merger, *Dictionnaire de droit commercial*, v° Tribunal de Commerce, § 1, N° 1; Merlin, *Nouveau répertoire*, v° Consuls des marchands;
Dalloz, *Répertoire général*, v° Bourse de Commerce. N° 5; Nouguier, *Des
Tribunaux de Commerce*, t. 1. p. 2, etc.

justice. Les idées étaient assez avancées et les
choses assez bien préparées pour lui permettre de
créer la juridiction consulaire. Il en posa les premiers fondements. En prévit-il l'avenir?... Nous
n'osons l'affirmer; mais son œuvre est restée iné-
branlable et ce sont ses développements successifs
qui vont maintenant nous occuper.

CHAPITRE II.

SI presque tout le monde est d'accord sur les
causes qui ont amené la création des tribunaux consulaires en France, il n'en est pas de
même sur le point de savoir à quelle époque précise on doit la placer, ou plutôt personne ne s'est
arrêté sérieusement sur cette question qui n'a,
d'ailleurs, qu'une importance fort secondaire. Nous
comprenons parfaitement que les illustres jurisconsultes qui ont écrit sur le droit commercial se
soient médiocrement préoccupés d'une date qui
n'a aucun intérêt juridique; mais nous, qui faisons
de l'histoire et non du droit, nous devons rechercher la vérité; et si nous sommes d'un autre avis
que nos maîtres les plus célèbres, il convient de
dire pourquoi.

Vincens prétend que « le plus ancien des tri-
» bunaux de commerçants qui existent encore en
» France est celui de Lyon, appelé *Conservation.*
» Il remonte au moins au xive siècle, et, en cer-
» tains cas, il a exercé une juridiction crimi-
» nelle [1]. » Il n'en dit pas plus long sur ce tribunal; il ne donne aucun argument à l'appui de son
opinion sur un fait qui paraît le toucher très-peu ;
de sorte qu'il nous est permis de croire que l'auteur a confondu le *conservateur* des foires de
Lyon, qui avait bien une juridiction criminelle,
conséquence nécessaire de la police des foires, qui
lui appartenait, avec un tribunal spécial pour les
commerçants, distinct de la conservation des
foires, dont nous n'avons retrouvé aucune trace à
cette époque. Le nom de *Conservation,* qui est le
titre sous lequel fut connu plus tard le tribunal
consulaire de Lyon, rapproché du titre de *conser-*
vateur, nous confirme dans notre opinion. La
seule chose qui pourrait nous faire hésiter, c'est
qu'il fixe l'existence de la *Conservation* au moins
au xive siècle, tandis que les foires de Lyon n'ont
été établies que le 8 mars 1462, ou, au plus tôt,
en 1443. Mais nous avons tout lieu de penser que
l'auteur s'est trompé. Jousse, en parlant de la
Conservation de Lyon, dit qu'elle avait été fondée
en 1462, c'est-à-dire dans la même année que les

[1] Vincens. *Législation commerciale,* t. i, p. 58.

foires; et c'était si bien alors un tribunal forain
que Jousse cite encore une déclaration du 18 février 1578 et une du 23 décembre de la même
année, rendues toutes deux en faveur de la *Conservation* de Lyon et relatives à des affaires qui ne
pouvaient se produire que dans les foires de cette
ville[1]. Il est du moins certain que le plus grand trafic
se faisant pendant les foires, la Conservation prit
rapidement une importance si considérable qu'elle
finit par absorber le tribunal des juges-consuls qui
avait été établi parallèlement à elle et qui fonc-
tionna à Lyon pendant quelques années [2]. Nous ne
pouvons donc pas voir là un tribunal consulaire
comme celui de Paris. Il y a une trop grande différence, au moins à l'origine, entre le sénéchal ou
le prévôt de Lyon, gardien des foires, juge royal,
et les consuls procédant de l'élection des marchands. Il est, d'ailleurs, impossible de discuter
une opinion émise dans des termes très-vagues;
aussi nous ne nous y arrêterons pas plus longtemps.

Gouget et Merger font perdre dans la nuit des
temps l'origine des tribunaux de commerce. Ils
étaient connus des anciens. Au moyen âge, les
républiques italiennes en envoyèrent le modèle en

[1] Jousse. *Commentaire de l'ordonnance de* 1673, titre xii.
[2] On trouvera plus loin un historique de la Conservation et du tribunal
consulaire de Lyon.

France. « Dès le XIIIᵉ siècle, il existait à Paris une
» juridiction des bourgeois, appelée *Parlouer ou*
» *Parloir aux bourgeois*. Chopin rapporte dans le
» premier livre de son commentaire sur la cou-
» tume de Paris, nº 12, une sentence rendue en
» 1291 par cette juridiction, où présidait alors
» Jean Arrode, prévôt de la marchandise à Paris. »
Les auteurs passent ensuite en revue les ordonnances qui ont créé les conservations des foires,
notamment celle de Philippe de Valois en 1349,
les juridictions spéciales aux conflits des marchands étrangers, celles qui établissent les Bourses
de commerce à Toulouse et à Rouen, les édits de
1560 sur l'arbitrage forcé, de 1563 sur les juges-
consuls de Paris, de 1565 sur l'extension de la juridiction de Paris aux « villes métropoles, capitales, et celles où il y a un juge royal, » et arrivent ainsi jusqu'au code de commerce [1]. Tout cela
est dit fort sommairement, il est vrai, mais contient des faits qui donnent prise à la discussion.

Laissons de côté l'antiquité et les républiques italiennes qui n'ont rien à faire avec l'histoire de l'institution en France, et demandons-nous s'il existait,
au XIIIᵉ siècle, un tribunal consulaire à Paris et ce

---

[1] Gouget et Merger. *Dictionnaire de droit commercial*, vᵉ Tribunaux de
commerce, § 1, Nᵉ 1 et suiv. — Nouguier, *Des Tribunaux de commerce*,
t. 1, p. 12 et suiv., dit les mêmes choses, à peu près dans les mêmes
termes.

que l'on doit penser de l'exemple cité par Chopin et rapporté par les auteurs du *Dictionnaire de droit commercial*. Il est certain d'abord que le prévôt des marchands et les échevins de Paris ont exercé une certaine juridiction relativement aux marchandises qui entraient dans la ville, surtout pour les denrées destinées à l'alimentation publique. De nombreuses ordonnances fixent les bornes de leur pouvoir sur cette matière, et on peut se convaincre que leur compétence était loin de s'étendre aux procès qui s'élevaient entre marchands pour fait de marchandise. Il est possible que MM. Gouget et Merger aient voulu faire allusion à ce tribunal. Pour nous, nous ne pouvons pas le considérer comme un ancêtre en ligne directe de nos tribunaux de commerce, parce qu'il est plutôt municipal et de police qu'exclusivement commercial. Quant à la sentence rendue en 1291 par le prévôt des marchands de Paris, nous l'admettons volontiers sans la connaître. Mais ce prévôt, Jean Arrode, n'exerçait-il pas son pouvoir judiciaire en vertu de l'ordonnance de 1260? ordonnance qui, comme nous l'avons vu, consacre toute sa troisième partie à fixer les juridictions qui doivent connaître des différends entre les marchands, mais qui n'est qu'un arrêté de police. Si, à cette époque reculée, les pouvoirs exécutif, législatif et judiciaire étaient confondus, en admettant que les commer-

çants pussent faire vider certaines contestations
par des magistrats spéciaux qui n'étaient pas
ceux de la justice ordinaire, voyons-nous là un
tribunal consulaire? En aucune façon. Nous trouvons bien, comme dans toutes les conservations
foraines, un élément, un modèle et, si l'on veut,
le germe de ce qui existera plus tard; mais c'est
trop informe, trop indéterminé pour qu'on puisse
donner à ces innombrables juridictions, toutes différentes les unes des autres, le titre d'une institution générale, si bien définie et si bien déterminée qu'elle est arrivée jusqu'à nous sans qu'on
en ait changé les principes. Et puis, enfin, s'il
existait un tribunal consulaire à Paris au XIIIᵉ siècle, pourquoi les commerçants du XVIᵉ en auraient-
ils demandé un? On aurait pu modifier, étendre
ce qui existait déjà; cependant rien de semblable
n'apparaît dans l'édit de 1563 qui fonde quelque
chose de tout nouveau sans faire aucune allusion,
comme c'était pourtant la coutume, à ce qui existait
précédemment. On pourrait insister et nous dire :
« Il y avait si bien une magistrature consulaire
à Paris antérieurement au XVIᵉ siècle, qu'on cite
même le lieu où se tenaient ses audiences : c'était
au *Parloir aux bourgeois.* » L'argument serait
futile; mais nous ne voulons rien négliger; il est
d'ailleurs facile à réfuter. Le Parloir aux bourgeois
existait bien à Paris; mais il n'avait rien d'exclu-

sivement commercial. C'était l'Hôtel de Ville. Le
monument s'élevait sur la place de Grève et était
connu anciennement, avant le magnifique édifice
qui l'a remplacé, sous le nom de « *La Maison aux
piliers.* » Nul doute que le prévôt des marchands,
qui était *le maire*, n'y tînt ses plaids quand il
exerçait son pouvoir judiciaire; mais c'était la
maison de la *commune*, et non celle du commerce.
Dans toutes les villes, il existait un bâtiment où
les bourgeois pouvaient s'assembler pour discuter
sur leurs intérêts communs, et qu'on appelait le
Parloir. Son nom même indiquait sa destination [1].
Le *Parloir aux bourgeois* ne peut être exactement
la même chose que le *Parloir aux marchands*. Il
n'y eut légalement un établissement de cette nature
à Paris qu'en 1563. Il fut créé par l'édit qui insti-
tuait les juges-consuls et qui autorisait les marchands à s'imposer pour acheter une maison dans
laquelle ils pourraient se réunir, et qui serait
appelée la *Place commune des marchands* [2].

Merlin fixe la création des justices consulaires
sous François Ier, en 1549, à l'époque de la fonda-
tion de la Bourse de Toulouse. On a déjà fait remarquer qu'en 1549, François Ier était mort depuis

---

[1] V. l'excellent ouvrage de MM. Henri Bordier et Edouard Charton, sur
*l'Histoire de France d'après des documents originaux et les monuments de
l'art de chaque époque*, t. 1, p. 151 et 173.

[2] Et encore cette partie de l'édit de 1563 ne fut probablement pas exé-
cutée; la Bourse de Paris ne fut établie définitivement qu'en 1724.

trois ans. Cette erreur historique n'a d'ailleurs aucune importance. Nous voulons seulement nous demander si l'édit de juillet 1549, rendu évidemment sous Henri II, doit être considéré comme l'acte de naissance de l'institution. Merlin n'en cite que la fin, qui porte établissement à Toulouse d'une Bourse de commerce, à l'instar du Change de Lyon, et qui permet aux marchands « d'eslire entre » eux et faire chacun an un prieur et deux consuls, » pour cognaître en première instance de tous les » procez qui, pour raison de marchandises, foires » et assurances, seraient intentés entre les mar- » chands et fabricants à Toulouse; au jugement » desquels le prieur et les consuls pourraient ap- » peler telles personnes qu'ils jugeraient à pro- » pos [1]. » Ce serait là, suivant Merlin, le premier tribunal consulaire; le second aurait été créé à Rouen, en 1556, en même temps que la Bourse; celui de Paris ne serait que le troisième.'

L'opinion de Merlin est toujours très-respectable, et, s'il s'agissait d'un point de droit, nous nous inclinerions devant elle. Mais sur un fait historique, une simple date sans grande importance, nous nous permettrons d'émettre un autre avis que celui de l'illustre jurisconsulte.

Nous pensons que l'édit de 1549 n'a pas pour

Merlin. *Nouveau répertoire,* v° Consuls des marchands.

but de créer une juridiction spéciale et nouvelle à Toulouse, mais bien d'y établir une Bourse de commerce, et qu'il en est ainsi de l'édit de 1556 pour Rouen. Nous trouvons la preuve de notre opinion dans le préambule de l'édit de juillet 1549, que Merlin ne cite pas, et qui s'exprime en ces termes : « Henri, etc... Comme nostre bonne ville
» et cité de Toulouse, pour la situation où elle est,
» et la commodité des rivières, soit l'une des plus
» propres et convenables pour le trafic et exercice
» du commerce, au moyen de quoi les bons et
» grands marchands de diverses et estranges na-
» tions s'y soient par cy-devant retirés et habi-
» tués; toutefois, comme l'on voit et que nous
» sommes advertis, ledit trafic et commerce n'y
» est à présent exercé comme il debvrait et ainsi
» qu'il est en nostre bonne ville de Lyon et autres,
» qui ne sont plus commodes et à propos pour cet
» effet, la principale cause provient de ce qu'il n'y
» a pas, comme audit Lyon, Anvers et autres
» grosses villes marchandes, de lieu qu'on appelle
» *Change, Estrade* ou *Bourse*, où, deux fois le
» jour, les marchands, facteurs et trafiqueurs
» puissent convenir pour respondre et rendre rai-
» son les uns aux autres de leurs trafics et faire
» leurs entreprinses qu'ils ont par ensemble ac-
» coustumé faire en aucuns lieux et endroits, pour
» tirer et amener par deça en nostre royaume les

» riches marchandises des païs étrangers et faire
» argent de celles qui sont en nostre dit royaume [1]. »

Si le préambule d'une loi révèle l'esprit qui l'a
inspirée, il s'agissait bien, en 1549, de fonder une
Bourse à Toulouse, et si l'édit contient des dispositions étrangères à cet objet, elles sont assurément accessoires. Or, nous avons eu déjà occasion
de faire remarquer qu'il existe une analogie frap-
pante entre les Bourses et les anciennes foires, à
ce point que l'on peut affirmer que la nouvelle
institution est la fille de l'ancienne. Rien d'étonnant, dès lors, que l'on trouve, dans l'une comme
dans l'autre, des éléments, nous dirions volontiers
des accessoires, identiques, et, parmi eux, une juridiction spéciale. Le prieur et les consuls de Toulouse et de Rouen sont les continuateurs évidents
du sénéchal ou conservateur des foires, qui, eux
aussi, pouvaient, comme les consuls de Toulouse,
appeler parfois les commerçants qui fréquentaient
la foire pour les aider à résoudre les difficultés qui
étaient soumises à leur tribunal. Le législateur le
dit lui-même dans l'édit de 1556 : « Les marchands
» fréquentant la place s'assembleront tous les ans
» avec les marchands étrangers fréquentant les
» *foires de Rouen,* pour eslire à la pluralité des
» voix un prieur et deux consuls marchands
» muables et électifs, lesquels jugeront les procez,

---

[1] Dalloz. *Répertoire général,* v° Bourse de commerce, N° 7.

» ainsi que ceux de Toulouse et les *conservateurs*
» *des foires de Lyon.* » Relativement à la justice,
nous ne voyons rien de nouveau dans l'édit de
1549, si ce n'est le mode d'élection des juges. Nous
n'y trouvons même que la continuation de ce qui
existait depuis Philippe de Valois [1].

Au contraire, l'édit de 1563 a pour but principal
l'établissement de juges-consuls à Paris. C'est le
plus ancien document législatif qui existe réglant
exclusivement la juridiction commerciale. Il fixe
pour la première fois, d'une manière précise et
détaillée, les attributions des nouveaux juges et la
procédure à suivre devant eux; ce qui ne se rencontre pas jusque-là, parce que, antérieurement,
la juridiction des marchands n'avait été considérée
par le législateur que comme un point secondaire
dans les règlements des foires et des Bourses de
commerce. Cependant, lui aussi contient la création d'une Bourse à Paris. Mais les trois articles
14, 15 et 16, relatifs à la *place commune des marchands,* et qui ne furent pas exécutés, sont, pour
ainsi dire, cachés dans le texte, dont le but appa-
rent est la création du tribunal des juges-consuls

[1] Si le législateur eût entendu créer la juridiction consulaire en 1549 ou
en 1556, comment expliquer l'édit de 1560, établissant l'arbitrage forcé pour
toutes les contestations commerciales? Cet édit faisait disparaître tous les
tribunaux de commerce existant en dehors des conservations des foires, et,
s'il n'était pas mort aussitôt que né, c'en était fait, peut-être, de notre juridiction consulaire, ou du moins ses bienfaits auraient pu être pour longtemps ajournés. *(Note écrite après le concours.)*

et de la procédure en matière commerciale. Il est surtout remarquable que le législateur de 1563, en établissant une Bourse de commerce à Paris, cite pour exemple les institutions semblables qui existaient antérieurement à Lyon, à Toulouse et à Rouen; de même qu'en créant celle de Rouen, on dit prendre pour modèle celle de Toulouse; comme en instituant cette dernière, on prend celle de Lyon pour exemple; tandis que pour fonder le tribunal des juges-consuls de Paris, la loi ne trouve aucune allusion à faire à une institution semblable préexistante.

Il y a donc quelque chose de nouveau dans l'édit de 1563, qui ne se rencontre pas dans les établissements qui l'ont précédé. C'est pour cela que nous en faisons le point de départ véritable de la législation, qui est devenue celle de nos tribunaux de commerce. Le législateur lui-même l'entend ainsi ; car si l'édit de 1563 n'a pas un mot pour rappeler les précédents, dont il ne serait que la continuation, les documents qui lui succèdent ne manquent jamais de faire souvenir qu'il est le type qui leur a servi de modèle. « Les nobles, bourgeois, mar- » chands de nostre bonne ville de Nantes (est-il dit » dans l'édit d'avril 1564), ayant entendu le bon » ordre qu'il nous a pleu, par nos lettres d'édit du » mois de novembre dernier, concéder et octroyer » aux marchands de nostre bonne ville de Paris....

» nous auraient très-humblement fait supplier et
» recquérir que, pour les mesmes considérations,
» nostre plaisir fust leur accorder et octroyer le
» mesme ordre de justice y estre guardé, pour
» estre relevés des grands frais et longueurs de
» ladite justice... » Nous en rencontrerons bien
d'autres sur notre route. Quand nous arriverons
à l'ordonnance de 1673, nous lirons, dans l'article 1er du titre XII : « Déclarons commun pour
» tous les siéges des juges et consuls l'édit de
» leur établissement dans notre bonne ville de
» Paris du mois de novembre 1563.... » et le célèbre commentateur de l'ordonnance n'aura pas
d'autre opinion que la nôtre. Cet édit est donc
bien la base de l'édifice qui s'est élevé à travers les temps, et dont le caractère n'a pu être
altéré par les changements que les années y ont
apportés.

Toutefois, nous le répétons, c'est l'heureux développement et l'heureuse modification d'un principe qui existait antérieurement; de sorte que la
différence d'opinion qui se rencontre entre Merlin
et nous, porte sur une bien légère difficulté. En
effet, il repousse l'opinion qui fait remonter aux
temps fabuleux l'origine des tribunaux consulaires.
Nous sommes donc d'accord sur l'époque générale
à laquelle ils sont devenus une nécessité. C'est vers
la moitié du XVIe siècle. Quant à la date précise de

leur naissance, nous venons de dire pourquoi nous la plaçons en 1563 [1].

Il convient, maintenant, d'analyser l'édit et d'en dégager les principes, pour constater plus facilement, dans la suite, les modifications que les siècles y ont apportées.

Après un préambule fort court, destiné à faire connaître les motifs pour lesquels il a été rendu, l'édit, dans ses deux premiers articles, s'occupe de l'élection des juges-consuls. C'est la partie qui deviendra plus tard le titre premier du quatrième livre du code de commerce, qu'on intitulera : « *De l'organisation des tribunaux de commerce.* »

L'article premier est transitoire et fait connaître la manière dont les magistrats consulaires ont été choisis pour la première fois. Le Prévôt des marchands et les échevins de Paris, trois jours après la publication de l'édit, réunirent cent notables bourgeois de la ville et choisirent parmi eux cinq marchands, dont le premier fut nommé *juge* et les quatre autres *consuls* des marchands. Leur charge devait durer une année. Les seules conditions à remplir, pour être revêtu de cette dignité, étaient

---

[1] L'importance de cette date dans l'histoire des tribunaux de commerce n'échappe pas à M. Nouguier, car s'il se rencontre avec les auteurs qui croient suivre les pas de l'institution des tribunaux de commerce depuis l'antiquité la plus reculée, il ne manque pas de faire une place à part à l'édit de 1563.

d'être « natif et originaire du royaume, marchand
» et habitant de la ville de Paris. » Ils devaient
prêter serment devant le Prévôt des marchands.
Ainsi, dès l'origine, nous trouvons la liste des notables, aujourd'hui dressée par le préfet, et, si
nous ne voyons pas l'élection apparaître immédiatement, elle ne se fait pas beaucoup attendre. Le
Prévôt des marchands et les échevins de Paris
n'intervinrent qu'une fois dans le choix des juge et
consuls. A partir de la seconde année de leur existence, le choix et l'élection appartinrent exclusivement aux marchands, sans que l'intervention d'une
autorité étrangère au commerce s'y fit remarquer.
Les tribunaux se perpétuèrent en naissant d'eux-
mêmes.

Lorsque les premiers juges, institués ainsi que
nous venons de le dire, arrivèrent au terme de
leur magistrature, et trois jours avant la fin de
l'année pendant laquelle ils furent en charge, ils
assemblèrent soixante marchands. Ceux-ci en éli-
rent trente qui, de concert avec les juges et consuls sortants, choisirent les nouveaux magistrats.
Ils prêtèrent serment entre les mains des anciens
et furent, eux aussi, installés pour une année.
Telle fut la forme qui dut être « doresnavant gardée
» et observée, » sans appel possible devant une
autre autorité que celle du Roi (Art. 2) [1].

[1] C'est du moins ce qui résulte du texte même de l'édit de novembre

Si nous comparons cette manière de procéder avec ce qui se pratique de nos jours, nous voyons que le principe fondamental, l'élection, n'a pas changé ; et si, dans l'application, on s'est écarté des formes de l'origine, sous un rapport, nous préférons l'ancienne règle à la nouvelle. Le mécanisme était d'une simplicité qui ne manquait pas de grandeur. Nous aimons à nous figurer la nombreuse famille des négociants, représentée par les notables, choisir elle-même ses magistrats dans son sein. Nous aimons à nous figurer les nouveaux juges jurant à leurs anciens de conserver saintement les traditions de sagesse et d'équité qu'ils leur lèguent. Nous regrettons que des nécessités, qui ne sont pas purement commerciales, aient fait remettre à un magistrat de l'ordre administratif le soin de désigner les électeurs.

L'article 3 de l'édit de Charles IX règle la compétence des juges-consuls. Ils connaissaient de tous procès ou différends « mus entre marchands, pour
» fait de marchandises seulement, leurs veuves
» marchandes publiques, leurs facteurs serviteurs
» ou commettants, tous marchands, soit que lesdits
» différends procèdent d'obligations, cédules, récé-
» pissés, lettres de change ou crédit, responses,

1563; mais il faut remarquer que le Parlement exigea, pour enregistrer l'édit, que les magistrats consulaires vinssent prêter serment devant lui. (*Note écrite après le concours.*)

» assurances, transport de dettes, novation d'i-
» celles, calculs ou erreurs en iceux, compa-
» gnies, sociétés. » On peut se convaincre, par ces
termes mêmes, que le nouveau tribunal était
compétent pour toutes les affaires commerciales
alors journellement traitées. Toutefois, il faut
signaler trois exceptions remarquables : il ne connaissait pas des faillites et banqueroutes, qui restèrent dans les attributions des juges ordinaires[1] ;
du commerce maritime, qui fut laissé à l'amirauté ;
enfin, des contestations soumises antérieurement
aux conservateurs des foires.

Dans l'histoire des tribunaux de commerce, nous
ne voulons point nous arrêter aux controverses qui
naquirent à propos de questions de droit ; aussi
laisserons-nous de côté les discussions qui se sont
élevées sur la compétence à propos des documents
législatifs qui nous passent sous les yeux et qui
ont trouvé place dans les ouvrages les plus estimés.
Nous pensons que notre but sera atteint quand nous
aurons signalé les particularités que chaque époque
fit naître ou disparaître dans la législation.

L'article 3 nous en fournit une en autorisant les
juges-consuls qui, comme aujourd'hui, devaient

---

[1] Jusqu'au code de commerce, la faillite ne fut pas regardée comme un
événement purement commercial. Les particuliers non commerçants qui
cessaient leurs paiements étaient déclarés en faillite. Il n'y avait pas de
différence entre la faillite et la déconfiture.

siéger au nombre de trois au moins pour que
leurs sentences fussent valables, à prendre, en
outre, le conseil de « telles personnes qu'ils avise-
» ront, si la matière y est subjecte, et s'ils en sont
» requis par les parties. » On a vu là la source de
l'institution des juges-suppléants. La législation
s'est sensiblement perfectionnée sous ce rapport.
Il n'en est pas moins vrai que le moyen de compléter les tribunaux, en cas d'absence ou d'empêchement d'un juge, était suffisant pour l'époque.
Les termes de l'édit de 1563 nous révèlent encore
une idée dont l'application nous semble faite d'une
façon assez heureuse. Quelle que soit la capacité des
juges, il peut se faire qu'un différend s'élève sur
une matière qui leur soit complètement étrangère.
Rien de plus légitime alors que de leur permettre
de s'entourer de tous les renseignements propres à
les éclairer, notamment d'appeler auprès d'eux des
hommes spéciaux dont le conseil peut leur être
utile. Cette faculté leur était accordée par l'édit de
1563. C'était sage ; et, si cette disposition a été
abrogée dans la suite, si rien de pareil ne se
retrouve dans la législation actuelle, c'est qu'on
arrive au même résultat au moyen des renvois
devant les arbitres ou les experts qui sont d'un
si grand secours pour nos tribunaux de commerce.

Après le recrutement des juges et la compétence

vient la procédure. Sous ce rapport, les principes anciens sont encore en vigueur. La célérité et l'économie président aux sages dispositions de la loi. « Et pour couper chemin à toute longueur oster » l'occasion de fuir et de plaider, » les ajournements doivent être libellés et contenir demande certaine; le ministère des avocats et des procureurs est prohibé; les parties sont tenues de « comparoir en personne à la première assigna- » tion, pour être ouïes par leur bouche, s'ils n'ont » légitime excuse de maladie ou absence; èsquels » cas enverront par escrit leur response signée de » leur main propre, ou audit cas de maladie, de » l'un de leurs parents, voisins ou amis, ayant de » ce charge et procuration spéciale. » (Art. 4.) Si, lors de la première comparution, les parties sont contraires en fait, on leur fixe un seul délai pour produire leurs pièces ou leurs témoins. Les témoins entendus ou le délai écoulé, le différend est jugé sur le champ, si faire se peut, en tout cas « sommairement et sans figure de procez. » (Art. 5 et 6.) Nous n'avons pas besoin de faire remarquer que si les temps et l'usage ont apporté quelques tempéraments à la rigueur de ces prescriptions, l'esprit qui les a inspirées règne encore dans celles qui nous régissent et que les changements n'ont eu lieu que dans la forme et dans les détails.

Sous le bénéfice de ces observations, les articles 7, 8 et 9 ont passé dans nos codes.

L'article 7 proclame la gratuité des fonctions des juges-consuls. Elles ont toujours été honorifiques, et, à notre avis, elles sont la plus belle récompense qu'un commerçant puisse recevoir de ses concitoyens. C'est un brevet d'honneur et de capacité que l'on doit être fier d'obtenir; car, s'il est beau de juger ses semblables, il est encore plus flatteur d'exercer un si grand pouvoir en vertu de l'élection, d'être choisi par ses pairs pour être l'arbitre de leur honneur et de leur fortune.

Les articles 8 et 9 règlent les appels, qui doivent être portés devant le Parlement, comme aujourd'hui devant la Cour impériale. Le taux du dernier ressort était de 500 livres tournois. L'exécution provisoire était de droit. « Es cas qui excéderont » ladite somme de 500 livres tournois sera passé » outre à l'entière exécution des sentences desdits » juge et consuls, nonobstant oppositions ou ap- » pellations quelconques, et sans préjudice d'i- » celles. » (Art. 9.)

L'article 10 prononçait la contrainte par corps contre tout débiteur condamné pour une somme n'excédant pas 500 livres tournois; et l'article 11 fixait les intérêts moratoires qui devaient être calculés au denier 12. (Environ 8 1/2 %.)

Les articles 12 et 13, relatifs à l'exécution des

jugements, n'ont pas vu leur principe altéré. Tous les officiers de la justice ordinaire doivent exécuter les sentences des juges-consuls suivant leur forme et teneur; mais s'il surgit des difficultés sur l'exécution, elles sont de la compétence des juges ordinaires.

Enfin, pour ne rien omettre, mentionnons l'article 18 qui permet aux magistrats consulaires de « choisir et nommer pour leur scribe et greffie r, » telle personne d'expérience, marchand ou autre, » qu'ils adviseront, lequel fera toutes expédi- » tions en bon papier, sans user de parchemin. » (Le haut prix du parchemin aurait grevé la procédure de frais inutiles.)... « Et lui défendons très- » étroitement de prendre pour ses salaires et vac- » cations autre chose qu'un sol tournoi par feuil- » let, sous peine de punition corporelle. » Aujourd'hui, le greffier du Tribunal de Commerce est un officier ministériel qui a le droit de présenter son successeur. Il prend plus d'un sol tournoi par feuillet et n'a plus à craindre de punition corporelle.

Telle est l'économie de cet édit de 1563. Trouve-t-on dans les précédents quelque chóse d'aussi complet et d'aussi déterminé? Est-ce ainsi que procèdent les quelques articles réglant la juridiction foraine et même les édits de 1549 et de 1556 qui établissent les consuls à Toulouse et à Rouen? Les

articles 14, 15, 16 et 17, que nous avons passés
sous silence et qui créent la Bourse de Paris, sont-
ils le but principal ou un accessoire dans ce document ? Avons-nous donc tort de le considérer
comme la base d'une institution dans laquelle nous
retrouvons encore presque sans altération les
principes qu'il contient ? Avons-nous justifié notre
opinion ? C'est notre pensée, et peut-être trouve-
rons-nous de nouveaux motifs pour la corroborer.
On nous objecterait en vain que l'on peut, en cherchant bien, trouver antérieurement chacune des
idées qui se révèle dans l'édit ; que, notamment,
les conservateurs des foires pouvaient s'entourer
des lumières des marchands notables ; qu'ils ne
connaissaient pas de l'exécution de leurs jugements ; que le principe d'économie et de célérité
dans la justice marchande était connu et appliqué
de tout temps ; que les tribunaux de Toulouse et
de Rouen se recrutaient par l'élection... Nous répondrons en répétant sans cesse que le législateur
de 1563 a certainement trouvé les éléments de son
œuvre existant avant lui ; mais en les rassemblant
quand ils étaient épars, en les coordonnant d'une
façon telle qu'on pouvait immédiatement en faire
une application générale, il a créé une chose nouvelle qui a survécu quand les débris des institutions qui ont servi à la former sont depuis des
siècles ensevelis dans l'oubli. C'est pour cela que,

si l'on ne veut pas remonter à l'antiquité pour
suivre pas à pas un système qui, dans son développement, change de nature et d'apparence suivant les temps et les lieux, si bien que ce qu'on
trouve à la fin ne ressemble en rien à ce qui était
au commencement ; si l'on veut une date précise
à laquelle on puisse fixer la naissance d'une institution venant au monde grande et forte, dans
toutes les conditions possibles de vitalité, il faut
nécessairement s'arrêter à celle de novembre
1563.

A peine fondée, l'institution prit un accroissement rapide. De tous côtés, les commerçants demandèrent à être jugés par leurs pairs, promptement et économiquement. Quelques tribunaux
furent alors créés, par des édits spéciaux, dans
certaines villes. Ainsi à Orléans, en février 1563
(ancien style), à Nantes, en avril 1564, à Bordeaux, à Poitiers, à Tours, etc. Enfin, en 1565, il
en fut établi dans toutes les métropoles, capitales
et villes de commerce où il y avait un juge royal.
On alla même trop vite ; et, sur la demande des
Etats-Généraux rassemblés à Blois en 1576, l'ordonnance de mai 1579 (art. 239 et 240) supprima
une partie des siéges. « Et quant à la suppression
» requise par les députés du tiers état, des siéges
» et juridictions des juges-consuls par nous éta-
» blis en plusieurs villes de nostre royaume,

» ordonnons que lesdits siéges demeureront seu-
» lement ès principales et capitales de nostre
» royaume, èsquelles il y a grand train et traffic
» de marchandises; et à ceste fin enjoignons à nos
» procureurs généraux de nos parlements de nous
» envoyer les noms et villes qui peuvent commo-
» dément porter lesdits siéges et juridictions pour
» y estre par après plus particulièrement par nous
» pourveu; et pour le regard de la suppression
» desdits siéges aux autres villes, avons différé
» pour y pourvoir cy-après. (Art. 239.)

» Et néanmoins, nous avons dès à présent sup-
» primé et révoqué l'établissement desdits siéges
» faits ès villes inférieures èsquelles il n'y a
» affluence de marchands, et avons renvoyé et
» renvoyons les causes pendantes et indécises aux-
» dits siéges par devant nos juges ordinaires des
» lieux; auxquels nous enjoignons de vuider som-
» mairement les procez de marchand à marchand
» et pour fait de marchandises, sans tenir les par-
» ties en longueur de procez, ni les charger de
» plus grands frais qu'elles eussent supportés par
» devant lesdits juges et consuls, sous peine de
» concussion. » (Art. 240.)

On comprend parfaitement qu'il faille un certain
trafic dans une ville pour y nécessiter un tribunal
consulaire. C'était faire en quelque sorte abus de
l'institution que de l'étendre dans des lieux où les

magistrats n'avaient presque rien à juger. Et, sous un autre rapport, le recrutement des juges devait être fort difficile là où les commerçants étaient très-peu nombreux, là où les nécessités et les habitudes commerciales n'exigeaient pas, chez les principaux, des connaissances et une éducation propres à en faire de bons juges. Il faut deux choses pour qu'un tribunal soit possible : des causes à lui soumettre et des hommes capables de les juger. On était loin de rencontrer ces deux conditions dans toutes les villes pourvues d'un juge royal. On ne les rencontre pas aujourd'hui, tant s'en faut, dans tous les ressorts de nos tribunaux d'arrondissement. Si la mesure était bonne de conserver les justices marchandes quand elles étaient nécessaires, elle était bonne aussi de les supprimer quand elles étaient inutiles.

Toutefois, le trafic, petit ou grand, étend partout ses ramifications, et il eût été souverainement injuste de laisser les marchands de toutes les localités qui n'étaient pas assez commerçantes pour avoir un tribunal consulaire, exposés aux longueurs et aux frais de la justice ordinaire. Leur position était tout aussi intéressante, sinon davantage, que celle des habitants des grands centres commerciaux. Eux aussi avaient le droit de demander la célérité et l'économie dans l'expédition de leurs affaires litigieuses. Ce n'était pas leur faute s'ils n'avaient pas un trafic et un personnel suffisants pour leur procurer les avantages d'une institution dont d'autres, plus heureux, ressentaient les bienfaits. L'ordonnance de Blois donna satisfaction à tous les intérêts en supprimant les siéges de juges-consuls partout où ils étaient inutiles et en renvoyant devant le juge ordinaire les causes commerciales, mais en les faisant juger sans procédure et sans frais comme devant le tribunal consulaire. Voilà donc encore un principe qui, mis en pratique presque à l'origine, s'est conservé intact jusqu'à nous. Sa longue existence nous dispense de tout commentaire pour en démontrer la bonté.

Il en est de même de celui qui ressort de l'article 239 de l'ordonnance de Blois, consacré par l'article 615 de notre code de commerce, et qui veut que les tribunaux de commerce soient établis seulement où il en est besoin. Fondée sur le développement du commerce et de l'industrie, l'existence des tribunaux consulaires doit lui être corrélative. On ne peut dire, *à priori,* dans quels lieux les circonstances pourront faire surgir un centre commercial. Des événements soudains et imprévus déplacent le trafic et les routes qu'il suit. Que sont devenues, depuis les découvertes du xve siècle, les opulentes cités du moyen âge?... Que deviendront, sous l'influence des découvertes du xixe, des contrées pour ainsi dire inconnues?... Il faut donc que la loi ait la facilité de donner au commerce les institutions qui lui sont nécessaires à mesure qu'il en a besoin. C'est ce qui n'avait pas été compris en 1565, quand on généralisa pour toute la France la création des tribunaux consulaires [1]. C'est ce qui fut si bien compris quatorze ans plus tard, que la législation inaugurée par l'ordonnance de 1579 est encore en vigueur. Toutes les fois que le commerce est devenu assez important dans une ville pour qu'il ait été d'une bonne administration de la doter d'un siége de juges-consuls, il ne s'est pas fait attendre. C'est ainsi qu'en 1710, alors qu'on comptait cinquante juridictions commerciales, on en créa vingt nouvelles. A l'époque où Jousse écrivait son commentaire sur l'ordonnance de 1673, il y en avait soixante-dix-sept. Aujourd'hui, nous en voyons deux cent dix-neuf.

Mais si ce développement, pour ainsi dire, matériel, de l'institution nous touche, parce qu'il est corrélatif à l'importance croissante du commerce, le développement que nous appellerons volontiers moral, l'étendue des attributions de la juridiction consulaire, ce doit être là le véritable but de nos recherches, et c'est à l'atteindre que nous devons nous appliquer.

---

[1] L'Assemblée nationale commit la même faute en laissant presque à la volonté des villes la faculté d'avoir un tribunal de commerce.

Si la création des tribunaux consulaires donna satisfaction à un besoin légitime, il paraît qu'elle ne fit pas plaisir à tout le monde et que la loi trouva une opposition, sinon ouverte, du moins cachée, parmi ceux qui devaient surtout la respecter. La nouvelle institution enlevait aux juges ordinaires la connaissance d'affaires nombreuses, et en même temps, avec le système d'épices qui se pratiquait alors malgré les avis réitérés de l'autorité, une source abondante de revenus. Rien d'étonnant dès lors que ces juges fissent tous leurs efforts pour retenir la proie qu'on leur enlevait, en cherchant à garder dans leur juridiction nombre de causes qui, en vertu du nouvel ordre de choses, devaient se porter devant le tribunal des juge et consuls. Cela devait leur être d'autant plus facile que l'édit de 1563, quoique parfaitement rédigé pour l'époque, laissait matière à interprétation. Quel qu'ait été, d'ailleurs, le prétexte ou le moyen, il est certain que le fait se produisit, que les marchands se plaignirent et que, moins de deux ans après sa création, le roi (ou le chancelier) dut venir au secours du nouvel établissement. C'est ce qui ressort de la déclaration donnée à Bordeaux le 20 avril 1565, déclaration qui a son importance sous le rapport de l'histoire et de la compétence des tribunaux de commerce.

Charles IX déclare que les marchands de sa

bonne ville de Paris lui ont envoyé un délégué
pour lui remontrer « que depuis pour bonnes
» causes et justes considérations, nous avons en
» nostre dite ville establi la juridiction d'un juge
» et quatre consuls des marchands, les juges ordi-
» naires et conservateurs des priviléges d'icelles,
» et autres nos juges, ont par divers moyens em-
» pesché, et chacun jour empeschent le cours de
» ladite juridiction, sous couleur que le pouvoir
» que nous avons attribué auxdits juge et consuls
» n'est si amplement et particulièrement déclaré
» par ledit édit, qu'il est requis; et le contenu en
» iceluy est par eux respectivement interprété
» et restreint à leur advantage. Ce qui a causé
» plusieurs difficultez et controverses, dont sont
» procédés diverses sentences, défenses, jugements
» et arrests contraires à nostre édit, qui rend
» ladite juridiction illusoire s'il n'y était par nous
» pourveu.

» Sçavoir faisons que désirant singulièrement
» justice estre administrée à nos subjects, par les
» juges que leur avons commis, sans qu'aucun
» excède le pouvoir à lui attribué, et que par en-
» treprise ou autrement, l'un empesche l'autre au
» cours de la juridiction qui lui est commise, et
» après avoir fait voir en nostre conseil la requeste
» et remonstrance desdits marchands, avec plu-
» sieurs sentences, jugements et arrests donnés

» tant en nostre Cour de Parlement à Paris, que
» par autres nos juges; les reliefs d'appel et re-
» questes respondues pour relever plusieurs appels
» de sentences données par lesdits juge et consuls
» pour sommes non excédantes la somme de 500
» livres tournois, et défenses faites à nos sergens
» de faire aucuns exploits ou ajournements et
» d'exécuter les sentences et mandements d'iceux
» juge et consuls... » On voit, comme le dit ce
préambule, qu'on n'avait rien oublié pour rendre
la nouvelle juridiction complètement illusoire...
« Avons... pour faire cesser à l'avenir les diffi-
» cultez et empeschements susdits, dit, declairé,
» etc...

    » Art. 1ᵉʳ. Que les juge et consuls des marchands
» establis en nostre ville de Paris, cognaissent
» et jugent en première instance de tous diffé-
» rends entre marchands habitants de Paris, pour
» marchandise vendue ou achetée en gros ou en
» détail, sans que pour raison de ce, nostre Par-
» lement à Paris, ou autres nos juges en puissent
» prendre aucune cognaissance et juridiction, soit
» par appel ou autrement, sinon ès cas qui excé-
» deront la somme de 500 livres tournois, suivant
» ledit édit; et laquelle en tant que besoin est ou
» serait, nous leur avons interdit et très-expres-
» sément défendue, interdisons et défendons par
» ces présentes. »

Ce n'est là que la reproduction sommaire et pure et simple de ce que contient l'édit de 1563; mais voici venir quelque chose de nouveau.

« Art. 2. Et quant à la marchandise vendue ou » achetée, ou promise livrer, et payement pour » icelle destiné à faire en ladite ville par les mar- » chands en gros et en détail, tant habitant ladite » ville qu'autres juridictions et ressorts de nostre » royaume, par cédules, promesses ou obliga- » tions, encore qu'elles soient passées sous le » scel de notre Châtelet de Paris, avons iceux » juge et consuls desdits marchands de nostre » dite ville de Paris, déclaré et déclarons juges » compétents; et à eux, en tant que besoin est, » de nouvel attribué et attribuons la cognaissance » et juridiction des différends qui naîtront entre » lesdits marchands pour les cas que cy dessus... » C'est le principe qui a été conservé dans l'article 420 du code de procédure civile : « En matière commerciale, le demandeur peut assigner, à son choix, devant le tribunal du domicile du défendeur, devant celui dans l'arrondissement duquel la promesse a été faite et la marchandise livrée, devant celui dans l'arrondissement duquel le paiement devait être effectué. » Peut-être ces idées étaient-elles dans l'esprit du rédacteur de l'édit de 1563; mais elles ne sont pas révélées dans le texte, et l'on comprend que, dans le cas prévu par l'article 2 de la déclaration de 1565, l'esprit de chicane des défendeurs aidant, les juges ordinaires eurent ample matière pour dérober à la juridiction qui s'élevait parallèlement à la leur, et, sous le prétexte d'incompétence *ratione personæ*, nombre de causes qui n'étaient pas spécialement prévues par l'édit de 1563. La déclaration de 1565 ne fit, peut-être, que ramener la législation dans les limites qu'on avait cru d'abord lui assigner; toujours est-il qu'elle fixe pour les juges-consuls un droit nouveau; qu'elle leur attribue une compétence plus étendue, puisqu'elle leur était contestée, et que nous pouvons la regarder comme un développement notable de l'institution.

La fin de l'article 2, quoique relative à la compétence, a cependant rapport à un ordre d'idées différent de celui qui vient de nous arrêter un instant. On doit y voir aussi une augmentation des attributions de la justice consulaire, puisque la connaissance de nombre de causes qui lui était disputée lui est formellement reconnue.

En ces temps de priviléges, un grand nombre de personnes avaient celui de faire juger, en vertu de lettres *de commitimus*, par des tribunaux spéciaux, les contestations qu'elles pouvaient avoir [1].

---

[1] Si les souverains ne délivrent plus de lettres *de committimus*, la loi n'a pas complétement supprimé le privilége qui en résultait. Ainsi, encore aujourd'hui, par exemple, les magistrats de l'ordre judiciaire ne sont justiciables, dans certains cas, que de la Cour de Cassation; les délits des

Ainsi, certains fonctionnaires publics, les attachés de l'Université et d'autres avaient le droit de plaider, même en matière civile, devant des tribunaux particuliers. Or, il arrivait, paraît-il, que quelques-unes de ces personnes faisaient le commerce en même temps qu'elles exerçaient une fonction. Si elles avaient une contestation à raison de leur trafic, elles devaient nécessairement décliner la compétence de la juridiction consulaire, en invoquant le privilége qu'elles avaient d'être traduites devant leurs juges particuliers, et ceux-ci, pour bien des motifs, ne demandaient pas mieux que de se déclarer compétents. Le marchand se trouvait donc obligé d'aller plaider devant une juridiction qui n'était pas commerciale et d'en subir la procédure longue, coûteuse et peut-être partiale. C'est un tel abus que la fin de l'article 2 de la déclaration de 1565 a pour but de faire cesser. « Pour » raison de quoi nous voulons tous lesdits mar- » chands, et autres de nos officiers qui font traffic » de marchandises, y estre convenus, appelés et » jugés nonobstant les fins d'incompétence ou de » renvoi qu'ils pourraient requérir en vertu de

grands officiers de la Légion d'honneur, comme ceux des auxiliaires inférieurs de la justice, sont jugés par les Cours impériales, etc.... Toutefois, ces attributions de juridictions spéciales n'ont plus lieu qu'en matière criminelle. En matière civile, toute personne, quelque fonction qu'elle exerce ou quelque élevée que soit sa dignité, doit plaider devant les tribunaux de droit commun. « Tous les Français sont égaux devant la loi. » Il n'en était pas de même autrefois.

» nos lettres *de committimus,* par devant les gens
» tenant les requestes de nostre hostel ou requeste
» de nostre palais à Paris; comme payeurs de nos
» compagnies ou autres de nos officiers faisant
» traffic; ou par devant les conservateurs des pri-
» viléges des Universités, comme messagers ou
» autres officiers d'icelles qui sont marchands, par
» le moyen des priviléges qu'aucuns d'eux vou-
» draient prétendre leur avoir été donnés au con-
» traire par nos prédécesseurs, confirmés par
» nous et vérifiés en nos cours. Dont pour ce re-
» gard, et en tant qu'ils sont marchands, nous les
» avons dès à présent, comme pour lors, déboutés
» et déboutons, et auxdits priviléges pour ce
» regard, dérogé et dérogeons : Nous voulons iceux
» juge et consuls y avoir aucun égard, mais leur
» permettons de passer outre nonobstant opposi-
» tions ou appellations d'incompétence qui pour-
» raient être interjetées en fraude et sans préju-
» dice d'icelles. Demeurant lesdits priviléges en
» autre chose en leur entier. »

L'article 3 réitère aux Cours souveraines la pro-
hibition de connaître des causes qui ne seraient
pas sujettes à appel, et aux procureurs « d'occuper
» et soi charger desdites causes d'appel ni de celles
» des marchands qui voudront, pour fait de mar-
» chandises, décliner la juridiction desdits juge
» et consuls. » Pour qu'il y ait une sanction pénale

à ces prescriptions, l'article 4 permet au tribunal consulaire d'infliger aux contrevenants une amende de dix livres tournois, au maximum, applicable moitié aux pauvres de l'aumône générale de la ville, moitié à l'entretien de la Bourse de Paris. Enfin, l'article 5 et dernier de la déclaration enjoint aux sergents de faire tous exploits qui leur seront demandés de marchand à marchand, d'assister aux audiences du tribunal et de mettre ses jugements à exécution, à peine de dommages-intérêts, et malgré les défenses qu'aucun juge pourrait leur faire.

La parole souveraine fut dès lors respectée et la justice consulaire put garder sa place et consolider son empire, sans qu'aucune institution rivale essayât d'y porter obstacle. Il fallut, au contraire, modérer l'extension qu'elle prit. On est surpris de rencontrer bientôt une déclaration qui rapelle les juges-consuls à l'observation de la règle de leur établissement, et qui leur défend d'empiéter sur la juridiction des juges ordinaires. La déclaration de 1610 est en quelque sorte la contre-partie de celle de 1565. Cela tient suivant nous, à deux causes : d'une part, comme on a pu le voir par les nombreux exemples que nous avons donnés, la langue juridique n'était pas encore formée en France. On n'avait pas appris, suivant l'expression du poète, la valeur d'un mot mis à sa place. Les actes législatifs étaient rédigés en peu de mots, de manière à laisser une large place à l'interprétation. En outre, on dirait, à les lire, qu'ils semblent vouloir régler quelques faits particuliers, plutôt que former un ensemble de dispositions applicable à toute une matière. On y tient compte surtout de ce qui se passe, du présent, et on paraît peu se préoccuper de l'avenir. Quand on compare les lois d'alors avec celles d'aujourd'hui, on voit que les anciennes n'étaient pas discutées. L'expérience personnelle des rédacteurs ne leur permettait pas de prévoir toutes les circonstances qui surgissent dans une longue délibération. Ainsi, la mauvaise rédaction de la loi donnant ouverture à plusieurs interprétations, dans un temps où la dispute était à la mode et les légistes fort ergoteurs, on put croire que la compétence des juges-consuls s'étendait à nombre de cas qu'il leur était interdit de connaître. D'autre part, ce résultat dut se produire naturellement, et pour ainsi dire forcément. La justice des nouveaux tribunaux était expéditive et économique. Elle est, et il est probable qu'elle a toujours été, d'une équité parfaite. Rien d'étonnant dès lors que les parties elles-mêmes aimassent mieux plaider devant les juges des marchands, toutes les fois que cela pouvait être, que de porter leurs contestations devant les juges ordinaires. De sorte qu'une tendance naturelle chez les justiciables, favorisée par l'obscurité du texte de la loi, dut amener devant les juges-consuls de nombreuses affaires qu'ils ne pouvaient pas juger. Il paraît qu'ils n'eurent pas toujours le soin de se déclarer incompétents d'office; c'est ce qui leur fut ordonné par la déclaration du 2 octobre 1610, dont les termes font bien voir que notre appréciation est juste [1].

« Louis, etc..... Combien que par l'édit d'établis-
» ment des juges-consuls, la juridiction d'iceux ait
» été limitée pour connaître des différends d'entre
» marchands et pour fait de marchandises seule-
» ment; toutefois, lesdits juges connaissent ordi-
» nairement de toutes sortes de conventions, ores
» qu'elles ne soient pour fait de marchandises; de
» cédules et obligations particulières; de prêts en
» deniers, lesquels ne sont pas pour fait de mar-
» chandises; de gages de serviteurs, salaires de
» mercenaires; de ventes de blés et vins par labou-
» reurs et vignerons pour ce qui est de leur crû,
» leur donnant la qualité de marchands; de loyers

---

[1] M. Nouguier, *Des Tribunaux de Commerce*, t. I, p. 26, attribue la déclaration de 1610 au système d'agression organisé contre la justice consulaire. Nous ne saurions partager cette opinion. Il y avait quarante-cinq ans que la déclaration de 1565 avait assuré la victoire aux juges-consuls. Leurs rivaux avaient eu le temps de s'accoutumer au nouvel ordre de choses. La lutte ne continuait plus que par des tracasseries incapables de porter une atteinte sérieuse et injuste à la législation. En outre, les prescriptions de la déclaration de 1610 sont tellement justes, qu'elles ont passé dans l'ordonnance de 1673 et dans le code de commerce, à des époques où personne n'était tenté de contester de l'importance de la justice commerciale.

» de maisons ou héritages, maisons et fermages
» et toutes autres affaires qui leur sont présentées,
» encore que cela ne soit de leur juridiction et
» connaissance, et que plusieurs ne soient capa-
» bles du jugement des affaires qui ne sont de leur
» vaccation, n'ayant la connaissance des ordon-
» nances et coutumes ; ce qui cause un grand dé-
» sordre auquel nos Cours ont voulu apporter
» remède par plusieurs arrêts auxquels lesdits
» consuls n'ont obéi, à quoi désirant pourvoir ;

» Nous... avons dit et déclaré. Voulons... que sui-
» vant notre édit de création et établissement, les
» juges-consuls connaîtront seulement des diffé-
» rends entre marchands et pour fait de marchan-
» dise seulement ; leur faisant expresse inhibition
» prendre aucune juridiction et connaissance des
» procès et différends pour promesses, cédules et
» obligations en deniers de pur prêt qui ne sont
» causés pour vente et délivrance de marchandises,
» de loyers de maisons, fermes, locations, moissons
» de grains, ventes de blés, vins et autres denrées
» faites par bourgeois, laboureurs et vignerons
» étant de leurs crû et revenus, salaires ou mar-
» ché par maçons, charpentiers, autres ouvriers et
» mercenaires ; ains ordonner aux parties se pour-
» voir devant leurs juges, ores qu'ils ne demandent
» leur renvoi, à peine de nullité des jugements
» qui interviendront, dépens, dommages et inté-

» rêts, pour lesquels, en cas de contravention, ils
» pourront être pris à partie. »

Il est évident que toutes les conventions men-
tionnées dans cette déclaration, dont les juges-
consuls s'étaient arrogé la connaissance, n'avaient
pas le moindre caractère commercial. C'est donc à
bon droit que ces matières furent renvoyées et sont
restées dans le domaine de la justice civile. Pourtant, un passage de cet acte donna matière à des
difficultés et nécessita une interprétation législative qui fut donnée, en 1611, par une nouvelle déclaration. Aux termes de la première, les tribunaux
consulaires n'étaient pas compétents pour connaître des « procès et différends pour promesses,
» cédules et obligations en deniers de pur prêt qui
» ne seront causés pour vente ou délivrance de
» marchandises. » En d'autres termes, il fallait
que la cause commerciale fût *écrite* dans l'acte
litigieux. C'était aller trop loin, soustraire beaucoup de causes commerciales à leur juridiction
naturelle. Aussi, dans une déclaration du 4 octobre
1611, rendue en interprétation de la précédente, il
est dit que les juges-consuls connaîtront « de
» différends entre marchands, même pour argent
» prêté ou baillé à recouvrer l'un à l'autre, par
» obligations, cédules, missives, lettres de change
» et pour cause de marchandise. »

» Ces derniers mots : *pour cause de marchandise,*

font voir qu'il n'est pas nécessaire, à la vérité,
que dans les billets, cédules, etc., il soit fait mention que ces billets sont pour cause de marchandise, et que cette clause est toujours présumée
entre marchands et négociants ; mais si, par les
termes du billet ou de l'obligation, il paraît que
c'est pour une autre cause que pour fait de marchandise, et même de celles dont l'un et l'autre
font commerce, alors l'affaire n'est plus de la compétence des juges-consuls. C'est ainsi que les deux
déclarations que l'on vient de rapporter doivent
être conciliées [1]. » C'est aussi l'interprétation qui a
été donnée à la matière par un arrêt de règlement
du Parlement de Paris, portant défense aux négociants et à tous autres de se servir de promesses ou
de billets qui ne seraient pas remplis des noms
des créanciers et des causes, à peine de nullité, et
attribuant aux juges-consuls la juridiction des
dites promesses ou billets faits de marchand à
marchand et pour cause de marchandise, et la
connaissance aux juges ordinaires de toutes autres
promesses.

Avant d'arriver à la célèbre ordonnance du commerce qui nous arrêtera quelques instants, nous
voulons, pour ne rien omettre dans cette histoire,

---

[1] Jousse. *Commentaire de l'ordonnance de 1673.* art. 1er du titre xii.

extraire de quelques documents les parties qui se rapportent à la juridiction consulaire, quoique les textes que nous allons citer ne soient que la confirmation de ce que nous avons déjà vu. C'est, d'abord, un arrêt de règlement du Parlement de Paris, rendu, le 28 janvier 1658, par toutes les chambres assemblées, sur diverses matières de procédure, qui porte, entre autres choses, dans son article premier, que les sentences des consuls, rendues dans les causes de marchand à marchand, et pour le fait de marchandise, à quelque somme que puisse s'élever la condamnation, doivent être exécutées nonobstant appel arrêté. C'est la confirmation pratique des articles 8 et 9 de l'édit de 1563 relatifs à l'appel et à l'exécution provisoire que l'on trouvait, paraît-il, moyen d'éluder en faisant rendre au Parlement, par surprise, des arrêts sur requête dans des cas où la loi l'interdisait. Puis vient l'ordonnance de 1667, qui fut le code de procédure de l'époque, et à laquelle notre loi a fait de fréquents emprunts. Elle consacre tout son seizième titre à la forme de procéder devant les juge et consuls des marchands. Les principes contenus en l'édit de 1563 y sont reproduits intacts. Ils reçoivent seulement un certain développement que l'expérience avait rendu nécessaire. En comparant le texte de l'édit de création avec celui que nous allons citer, on pourra se convaincre que la

différence ne porte que sur des détails et ne consiste qu'en quelques innovations heureuses qui
n'altèrent en rien les deux conditions que l'on
cherche à réunir dans cette procédure : économie
et célérité. Voici les termes de cette ordonnance :

« Art. 1er. Ceux qui seront assignés par devant
» les juge et consuls des marchands seront tenus
» de comparoir en personne à la première audience
» pour être ouïs par leur bouche.

» Art. 2. En cas de maladie, absence ou autre
» légitime empêchement, pourront envoyer un
» mémoire contenant les moyens de leur demande
» ou défense, signé de leur main, ou par un de
» leurs parents, voisins ou amis ayant de ce charge
» et procuration spéciale, dont il fera apparoir, et
» sera la cause vidée sur-le-champ, sans ministère
» d'avocat ni de procureur.

» Art. 3. Pourront néanmoins les juges et consuls,
» s'il est nécessaire de voir les pièces, nommer,
» en présence des parties ou de ceux qui seront
» chargés de leur mémoire, un des anciens consuls
» ou autre marchand non suspect pour les exa
» miner, et sur son rapport donner sentence qui
» sera prononcée en la prochaine audience. »

C'est là une innovation. L'édit de 1563 autorisait
bien les juges à appeler auprès d'eux « tel nombre
» de personnes de conseil qu'ils aviseraient, »
pour les aider à se faire une opinion. C'étaient

des juges suppléants ou des experts qui venaient prendre part à la délibération ou apporter aux magistrats, embarrassés pour résoudre une question, le tribut de leurs connaissances. Ici, c'est autre chose. Il semble que depuis la création des tribunaux consulaires, les affaires se sont tellement multipliées, que les juges ne peuvent entendre et juger à l'audience que celles qui n'ont besoin que d'explications verbales. S'il faut lire et étudier des pièces, les juges n'ont plus le temps. Alors, ils peuvent nommer un expert qui ne vient plus donner lui-même ses explications au tribunal, mais qui lui remet un rapport sur lequel la sentence est rendue. C'est l'expérience seule qui a amené cette innovation. On ne pouvait certainement pas prévoir, en 1563, qu'un siècle plus tard, les juges-consuls n'auraient pas même le temps d'étudier les pièces qu'on servirait au procès.

« Art. 4. Pourront, s'ils jugent nécessaire d'entendre la partie non comparante, ordonner
» qu'elle sera ouïe par sa bouche en l'audience, en
» lui donnant délai compétent, ou si elle était malade, commettre l'un d'entr'eux pour prendre
» l'interrogatoire que le greffier sera tenu de rédiger par écrit.

» Art. 5. Si l'une des parties ne compare pas à
» la première assignation, sera donné défaut ou
» congé emportant profit.

» Art. 6. Pourront néanmoins les défauts et
» congés être rabattus en l'audience suivante,
» pourvu que le défaillant ait sommé par acte
» celui qui a obtenu le défaut ou congé de compa-
» roir en l'audience, et qu'il ait offert par le même
» acte de plaider sur-le-champ.

» Art. 7. Si les parties sont contraires en faits
» et que la preuve en soit recevable par témoins,
» délai compétent leur sera donné pour faire
» comparoir respectivement leurs témoins, qui
» seront ouïs sommairement à l'audience, après
» que les parties auront verbalement proposé
» leurs reproches, ou qu'elles auront été sommées
» de le faire, pour ensuite être la cause jugée en
» la même audience, ou au conseil sur la lecture
» des pièces.

» Art. 8. Au cas que les témoins de l'une des
» parties ne comparent, elle demeurera forclose
» et déchue de les faire ouïr, si ce n'est que les
» juge et consuls, eu égard à la qualité de l'af-
» faire, trouvent à propos de donner un nouveau
» délai d'amener témoins, auquel cas, les témoins
» seront ouïs secrètement en la chambre du con-
» seil.

» Art. 9. Les dépositions des témoins ouïs en
» l'audience seront rédigées par écrit, et s'ils sont
» ouïs en la chambre du conseil, seront signées

» du témoin, sinon sera fait mention de la cause
» pour laquelle il n'a point signé.

» Art. 10. Les juge et consuls seront tenus de
» faire mention dans leur sentence des déclinatoi-
» res qui seront proposés.

» Art. 11. Ne sera pris par les juge et consuls
» aucunes épices, salaires, droits de rapport et
» du conseil, même pour les interrogatoires et
» audition de témoins ou autrement; en quelque
» cas et pour quelque cause que ce soit, à peine
» de concussion et de restitution du quadruple. »

A l'exception de quelques détails de procédure,
peut-être inconnus cent ans plus tôt, les dispositions de l'ordonnance de 1667 ne sont-elles pas
la paraphrase ou le commentaire de l'édit de 1563 ?
Parmi les innovations de 1667, nous devons signaler l'article 3 de l'ordonnance qui est le germe
des renvois devant arbitres ou devant experts, et
surtout l'article 6 qui nous semble mériter une attention spéciale. Nous sommes frappés de la manière simple et économique avec laquelle le défaillant pouvait faire rapporter le jugement qui le
condamnait par une simple sommation à la partie
adverse, de comparaître à l'audience suivante avec
offre d'y plaider. Aujourd'hui, ne faut-il pas avoir
l'expédition du jugement et le notifier à la partie
condamnée pour que celle-ci puisse former son

opposition contenant un nouvel ajournement? Le tout, non sans frais et perte de temps. Sur ce point encore, qu'il nous soit permis de regretter les vieilles coutumes; d'autant plus que nous ne voyons pas de motifs très-sérieux pour les avoir abandonnées. En vain nous dira-t-on que le seul moyen légal de prévenir la partie défaillante de l'existence du jugement rendu contre elle, c'est de le lui notifier; ce n'est là qu'une nécessité légale enfantée par la loi, qui peut être supprimée par elle et qui est contraire à l'essence de la procédure commerciale, dont le caractère, depuis les temps les plus reculés, est de n'être point astreinte aux subtilités de la procédure ordinaire. Nous dirons ensuite que la partie contre laquelle un jugement a été surpris a le plus grand intérêt, si elle est de bonne foi, à le faire rapporter. Elle ferait d'elle-même toutes les diligences possibles, si elle en avait le moyen. Peu importe qu'elle soit prévenue d'une manière ou d'une autre, pourvu qu'elle le soit, et la façon la plus prompte et la moins coûteuse sera la meilleure. Mais, pourrait-on dire encore, si la partie condamnée est de mauvaise foi ou n'entend pas former opposition au jugement, comment l'exécuter?... Il nous semble qu'on pourrait tout concilier sans mettre aucun droit en souffrance. Lorsqu'un jugement par défaut a été rendu, ne serait-il pas facile au greffier d'en envoyer avis, sans frais, à la partie condamnée ? Ne pourrait-on, en outre, impartir à celle-ci un délai suffisant, augmenté suivant les distances, pour sommer celui qui a obtenu le défaut de « comparoir en l'audience » avec offre d'y plaider? Le délai passé, le jugement pourrait être notifié et la règle ordinaire recevrait son application. On éviterait ainsi, dans bien des cas, des dépenses qui ne profitent qu'aux greffiers et qu'aux huissiers, surtout des difficultés de procédure dont la chicane est habile à profiter, et qui, n'ayant aucun caractère commercial, peuvent entraîner les tribunaux consulaires en dehors de la vérité légale. Ainsi les juges, comme les justiciables, se trouveraient bien de la simplicité de l'ordonnance de 1667. La justice serait donc meilleure, plus prompte et moins coûteuse. Le tout, bien entendu, sans préjudicier en rien aux règles spéciales établies pour les cas qui requièrent une extrême urgence, ou dans lesquels le jugement doit être exécuté nonobstant opposition [1].

---

[1] Dans un tribunal quelque peu chargé d'affaires, les parties sont forcées de prendre un mandataire pour éviter les surprises de procédure. En effet, les causes qui n'ont point un caractère d'extrême urgence ne sont point jugées dans l'audience pour laquelle assignation a été donnée. Elles sont renvoyées à leur tour du rôle et nul ne peut dire d'avance quand elles viendront en ordre utile. La partie qui ne veut pas faire les frais d'un mandataire est donc obligée d'assister à toutes les audiences du tribunal de commerce pour être prête à répondre à l'évocation de sa cause. Si elle ne s'y trouve pas, l'adversaire a le droit de prendre défaut

Mais ce n'est plus là de l'histoire. Laissons les utopies. Arrêtons-nous sans poursuivre la comparaison de l'ancienne législation avec la nouvelle. Si nous avons consigné immédiatement les réflexions que nous a suggérées la lecture d'un article de l'ordonnance de 1667, c'est que nous ne retrouverons pas ses dispositions reproduites dans nos lois ni l'occasion de rappeler ce que les anciennes pouvaient offrir de sage et de bon. Continuons donc notre étude et voyons ce que l'ordonnance de 1673 fit pour les tribunaux consulaires.

et de faire les frais de la notification du jugement, de sorte que la procédure rapide et économique que veut la loi conduit à contraindre le justiciable à perdre un temps considérable et précieux à suivre les audiences ou à prendre un mandataire à ses frais. Si l'ancienne méthode avait été maintenue, le défaillant subirait bien encore les retards nécessaires à l'expédition d'une affaire qui ne doit venir qu'à son tour, mais il n'y aurait pas d'autres frais que ceux de la minute du jugement et de son enregistrement. Ce serait bien assez.

CHAPITRE III.

Nous voici arrivés à cette époque qu'on a appelé le *Grand siècle*. Jetons un regard en arrière et arrêtons-nous un instant à considérer
notre point de départ. Quel immense changement
s'est opéré pendant un siècle dans l'état politique
et commercial de la France! En politique, l'unité
est partout. L'unité territoriale s'est accomplie.
La puissance royale a absorbé toutes les forces
de la nation, si bien que Louis XIV a pu dire
un jour sans paradoxe : « L'État, c'est moi! »
Pour le commerce, des contrées nouvelles ont
été découvertes. La route des Indes orientales
et occidentales est devenue le grand chemin du
trafic. Des compagnies puissantes ont été fondées
et encouragées par les rois pour exploiter ces nouvelles sources de la richesse publique. Le développement de la marine marchande a permis à Riche-
lieu de créer une marine militaire; et la France
eut un nouvel élément de force en même temps que

le commerce eut une efficace protection. Quand le pouvoir royal n'eut plus d'obstacles à surmonter, quand toutes les rivalités furent écrasées, quand le roi n'eut plus qu'à faire éclore les germes des institutions qui avaient été semés par ses prédécesseurs, il rencontra un ministre merveilleusement doué pour le seconder. Colbert eut la gloire de réformer avec sagesse toutes les branches de l'administration et de mettre les lois de la France en harmonie avec sa grandeur et celle de la civilisation. Sa main se fit sentir partout de la manière la plus heureuse. Par des ordonnances restées célèbres, dont nos codes ne sont souvent que la copie, les finances, la procédure civile et criminelle, la législation du commerce et celle de la marine furent successivement réorganisées. De toutes ces réformes, aucune ne modifia sensiblement les tribunaux consulaires. L'institution perdue comme un rouage obscur mais non pas inutile dans la machine sociale, subsista à peu près telle qu'elle avait été créée. La célèbre ordonnance de 1673 ne négligea point de s'en occuper. Elle renferme tout un titre relatif à la *juridiction des consuls* qui intéresse son histoire. Il ne nous est pas permis de passer sous silence un tel document; mais il ne nous est pas permis non plus de le commenter. Tout a été dit sur cette ordonnance de façon à ne laisser place à aucune considération nouvelle. Nous ne voulons donc ici que continuer à donner les textes intéressant les attributions des tribunaux de commerce, en recherchant les modifications qu'ils peuvent apporter à l'état antérieur de la législation.

« Art. 1er. Déclarons communs pour tous les siéges
» des juge et consuls l'édit de leur établissement
» dans notre bonne ville de Paris, du mois de no-
» vembre 1563, et tous autres édits touchant la
» juridiction consulaire enregistrés en nos cours
» de parlement. »

Comme nous l'avons dit, les siéges des juges-consuls avaient été établis dans les diverses villes du royaume à différentes reprises, et tous les édits d'institution n'étaient pas littéralement copiés sur celui de 1563. Ainsi, pour citer un exemple qui a un certain intérêt historique, la juridiction commerciale de Lyon était loin de ressembler en tout à celle de Paris [1].

Il existait à Lyon, ainsi que nous avons eu souvent occasion de le répéter, une juridiction spéciale aux marchands fréquentant les foires, exercée d'abord par le sénéchal, plus tard, par le prévôt des marchands et les échevins. Ce tribunal

---

[1] L'histoire résultant des textes fera cesser bien des confusions où se sont laissés entrainer les auteurs à propos de la *Conservation* de Lyon.

n'empêcha pas de créer un siége de juges-consuls [1];
mais dans nombre de cas, les attributions des deux
tribunaux durent se confondre d'une façon préjudiciable à la bonne administration de la justice.
Pour faire cesser une confusion qui devait être
parfois inextricable, on réunit les deux tribunaux
en un seul, sous le nom de *Conservation des foires
de Lyon* (édit de mai 1655), et ce fut celui-là qui
fut le seul compétent en toute matière commerciale, jugeant les contestations relatives aux
affaires traitées pendant les foires, aussi bien que
celles traitées dans l'intervalle. Il était composé de
droit du prévôt des marchands et des échevins. Là,
comme ailleurs, il y eut de nombreux conflits entre
la justice commerciale et la sénéchaussée ou le
présidial. Pour les faire cesser, il fallut encore un
édit (août 1669), qui définit la compétence des
juges-conservateurs. Elle était, à quelques différences près, la même que celle des juges-consuls
de Paris. Le pouvoir des juges de Lyon était pourtant quelquefois plus étendu. Ils connaissaient des
faillites et banqueroutes et, en cas de fraude « pro-
» cédaient extraordinairement et criminellement
» contre les faillis, auxquels et à leurs complices

---

[1] Probablement en 1565. Nous n'avons pu trouver la date précise de son
établissement, et nous la fixons à cette année où il en fut établi de semblables dans toutes les villes importantes. La preuve de son existence dis-
tincte de celle de la juridiction du conservateur des foires résulte de l'édit
de 1655 qui les réunit toutes deux.

» ils pouvaient faire et parfaire le procès, suivant
» la rigueur des ordonnances, à l'exclusion de tous
» autres juges [1]. »

Il est probable que la différence entre les divers
tribunaux consulaires du royaume et celui de
Paris n'était pas aussi tranchée. Il pouvait cependant
s'en rencontrer une certaine. L'article premier
de l'ordonnance a pour but de la faire cesser et
là, comme ailleurs, d'établir l'unité. Remarquons
de suite que cette unité, telle que nous la comprenons
et telle qu'elle existe aujourd'hui, ne put
s'établir. La compétence, les attributions des juges-consuls
bien définies par l'ordonnance de 1673,
furent les mêmes partout; mais quelques dispositions
de détails, purement locales, sans aucune importance
sérieuse et qui n'étaient pas spécialement
prévues par l'ordonnance, restèrent en vigueur dans
certaines villes. Par exemple, en ce qui concerne
l'élection des magistrats, nous lisons dans Merlin
(*Nouveau répertoire, v° consuls des marchands*),
« qu'à Montpellier, le prieur et les consuls
étaient élus à la pluralité des voix des anciens
juges-consuls et des autres bourgeois et marchands;
qu'à Bordeaux, trois jours avant l'expiration
de leur année de magistrature, les juges-con-

---

[1] C'est peut-être à ce pouvoir des juges de Lyon que Vincens fait allusion quand il dit que la *Conservation de Lyon* paraît avoir exercé une juridiction criminelle.

suls sortants devaient appeler jusqu'à quarante marchands, bourgeois de cette ville, lesquels, sans partir du lieu et sans désemparer, devaient procéder avec eux et à l'instant à l'élection des nouveaux juges; que l'on convoquait à Bourges, pour l'élection, cinquante marchands; qu'à Lille et à Valenciennes, les juges-consuls étaient obligés d'appeler vingt marchands et négociants pour procéder avec eux à l'élection, etc. »

De telles différences ne touchent en rien à l'essence de l'institution. Nous trouverons plus loin, en citant l'article 8, une exception plus importante. D'après cet article, les juges-consuls ne devaient point connaître du commerce fait pendant les foires lorsque l'attribution en était faite aux juges conservateurs des priviléges des foires, en sorte que, notamment, la Conservation de Lyon resta ce qu'elle était, malgré notre article.

Suivons le texte de l'ordonnance. Les articles 2 et 3 s'occupent des lettres et des billets de change.

« Art. 2. Les juge et consuls connaîtront de tous
» billets de change faits entre négociants et mar-
» chands ou dont ils devront la valeur, et, entre
» toutes personnes pour les lettres de change ou
» remises d'argent faites de place en place. »

« Art. 3. Leur défendons néanmoins de connaître
» des billets de change entre particuliers autres

» que négociants ou marchands, ou dont ils ne
» devront pas la valeur, voulons que les parties
» se pourvoient devant les juges ordinaires ainsi
» que pour les simples promesses. »

En 1673, comme aujourd'hui, les tribunaux consulaires connaissaient des lettres de change entre toutes personnes, « même nobles, officiers, ecclésiastiques, dit Jousse, parce que ces personnes ont dérogé à leur qualité en subissant un pareil engagement, et que ces lettres sont une espèce de négoce; » mais c'est une innovation à l'édit de 1563 qui n'attribuait aux juge et consuls la connaissance des lettres de change qu'entre marchands.

Nous n'insisterions pas sur ces deux articles, si nous ne trouvions pas un intérêt historique à rappeler ce qu'était le *billet de change,* dont l'usage a complètement disparu. Nous ne connaissons plus que le *billet à ordre* et la *simple promesse.* L'article 27 du titre v de l'ordonnance de 1673 définit le billet de change en disant : « Aucun billet ne sera réputé
» billet de change, si ce n'est pour lettres de
» change qui auront été fournies, ou qui le de-
» vront être. » Jousse explique plus longuement et plus clairement ce que c'était. « On entend, dit-il, par billets de change ceux qui se font pour lettres de change fournies ou qui portent promesse d'en fournir.... comme quand un négociant ou autre a besoin d'argent dans une autre ville pour

payer des marchandises qu'il veut y acheter, et qu'il voudrait avoir des lettres de change pour recevoir de l'argent dans cet endroit; alors il s'adresse à un autre négociant ou banquier, qui lui fournit ou s'oblige à lui fournir ces lettres pour les lieux dont il a besoin, au moyen de quoi celui à qui les lettres de change sont ainsi fournies ou promises fait à l'autre un billet de pareille somme, payable dans le temps dont ils conviennent, lequel porte valeur reçue en lettres de change ou contient l'obligation d'en fournir. Ces sortes de billets sont très-utiles dans le commerce. [1] » Sur ce dernier point, l'expérience a donné tort au célèbre commentateur. Le commerce a trouvé moyen de se passer d'un instrument au moins inutile.

L'édit de 1563 avait parfaitement déterminé la compétence commerciale pour les « différends » mus entre marchands, pour fait de marchandise » seulement, » mais cela n'était pas suffisant. Il y a des cas où l'acte peut être commercial de sa nature, d'autres où il est commercial pour l'une des parties seulement; enfin, il peut s'élever des doutes sur le caractère d'une convention conclue même entre commerçants. Ces difficultés, qui ont été résolues autant qu'il était possible par notre code de commerce, ne le furent que très-imparfaitement par

---

[1] Jousse. *Commentaire de l'ordonnance de 1673,* tit. v, art 27.

l'ordonnance de 1673, restée fort incomplète à cet égard. On ne voulut pas encore poser le principe que les tribunaux consulaires pouvaient avoir une compétence *réelle*, et que tout acte de commerce, quelle que soit la personne de laquelle il émane, ressort de la juridiction commerciale. Il est vrai que bon nombre de cas qui sont énumérés dans l'article 632 du code de commerce ne devaient pas se présenter dans la pratique. L'ordonnance ne se préoccupe que des plus fréquents et essaie d'expliquer par des exemples le principe que le code de commerce a posé en disant que « la loi répute acte de commerce tout achat de denrées et marchandises pour les revendre, soit en nature, soit après les avoir travaillées et mises en œuvre. » L'article 4 de l'ordonnance se trouve être un excellent commentaire anticipé du § 1er de l'article 632 du code de commerce.

« Art. 4. Les juge et consuls connaîtront des dif-
» férends pour ventes faites par des marchands,
» artisans et gens de métiers, afin de revendre ou
» de travailler de leur profession ; comme à tail-
» leurs d'habits, pour étoffes, passements et
» autres fournitures ; boulangers et pâtissiers,
» pour blé et farine.... et autres semblables. » Le texte de l'édit de 1563 était assez général pour comprendre la série d'actes que l'ordonnance énumère. Elle ne fait donc que traduire un texte déjà

ancien en l'appuyant d'exemples qui enlèvent tous les doutes qui pouvaient se produire relativement aux opérations qu'elle prévoit.

L'article 5 ne contient rien de nouveau : « Con- » naîtront aussi des gages, salaires et pensions » des commissionnaires, facteurs et serviteurs » des marchands, pour le fait du trafic seule- » ment. »

L'article 6 a probablement été écrit pour faire cesser des difficultés d'interprétation; car son principe, que le législateur moderne a conservé, n'avait pas besoin d'être proclamé. En voici les termes : « Ne pourront les juge et consuls con- » naître des contestations pour nourritures, en- » tretiens et ameublements, même entre mar- » chands, si ce n'est qu'ils en fassent profession. » C'est ce que le code de commerce a traduit, en disant (art. 638) que les actions intentées contre un commerçant, pour paiement de denrées et marchandises achetées pour son usage particulier, ne sont point de la compétence des tribunaux de commerce. Effectivement, un tel acte n'est pas commercial. Il n'y a pas, de la part de l'acheteur, achat pour revendre. Le caractère de *spéculation* qui distingue l'acte de commerce venant à manquer, les actions qui peuvent naître de la convention sont de la compétence des tribunaux civils. L'article 6 de l'ordonnance serait donc une superfétation, s'il n'était besoin, dans une loi bien faite, de ne laisser aucune place à la discussion.

L'article 7 est une nouveauté. Il est relatif au commerce maritime. « Les juge et consuls con-
» naîtront des différends à cause des assurances,
» grosses aventures, promesses, obligations et
» contrats concernant le commerce de mer, le fret
» et le naulage des vaisseaux. » L'innovation était heureuse ; mais elle était trop hardie, sinon pour le commerce, au moins pour les juges de l'amirauté qui jusque-là avaient eu la connaissance de ces différends. Il fut bientôt fait droit à leurs réclamations, et l'article 7 de l'ordonnance malheureusement abrogé.

« Art. 8. Connaîtront aussi du commerce fait
» pendant les foires tenues ès lieux de leur éta-
» blissement, si l'attribution n'en est faite aux ju-
» ges conservateurs du privilége des foires. »

On ne touchait pas facilement aux priviléges, cependant cet article paraît avoir été fait pour mettre, autant qu'il était possible, l'unité dans l'institution. Les foires avaient leur juridiction spéciale, mais elle ne pouvait s'exercer que pendant les jours assignés au commerce forain, et pour les contestations qui lui étaient relatives. Si la ville où elles se tenaient était pourvue d'un siége de juges-consuls, il se rencontrait, pendant certaines périodes, deux tribunaux pour juger la même nature d'affaires. Seulement, l'un s'occupait du commerce engendré par la tenue de la foire, l'autre du commerce ordinaire. Telles étaient les subtilités auxquelles l'ancien régime arrivait avec sa multitude de juridictions. L'article 8 de l'ordonnance a l'air de vouloir mettre un peu d'ordre dans une partie du chaos; mais il nous semble qu'il ne dut pas y réussir beaucoup. Aux termes de cet article, le tribunal consulaire, établi dans une ville où se tient une foire, connaît du commerce fait pendant cette foire. Voilà donc la juridiction foraine supprimée. Sa raison d'être n'existe plus, en effet, en présence des juges-consuls. Mais, d'autre part, si les juges-conservateurs ont attribution de juridiction, ce qui existait presque partout, voilà le tribunal consulaire pour ainsi dire muet et inutile pendant tout le temps que dure la foire. En respectant le privilége des juges-conservateurs, il était donc impossible d'arriver à un résultat satisfaisant et d'éviter les conflits de juridiction. Mais il faut dire qu'à l'exception de celles de Lyon, les foires paraissent tombées depuis longtemps en désuétude. Nous croyons avoir prouvé qu'il en dut être ainsi par suite du développement considérable du commerce qui ne permettait plus aux négociants d'attendre des époques déterminées et de faire de longs voyages pour opérer leurs échanges. Les Bourses de commerce qui surgirent partout portèrent un coup mortel aux foires. Il est du moins certain qu'en parcourant les recueils des lois et ordonnances, depuis bien longtemps on ne trouve rien qui se rapporte à d'autres foires que celles de Lyon. On peut donc être amené à penser que l'article 8 de l'ordonnance de 1673 se réfère surtout à l'édit de 1655, relatif à la juridiction commerciale de Lyon, et qui avait supprimé complètement le siége des juges-consuls pour faire de la Conservation le seul tribunal de commerce, pour les temps de foire comme pour les autres. S'il existait encore d'autres foires, si les priviléges de leurs conservateurs n'étaient pas bien assurés, il faut considérer notre article comme une conquête pour la juridiction consulaire. L'édit de 1563 ne faisait allusion à rien de semblable. Il respectait la juridiction foraine dans son entier, si bien que les tribunaux que l'usage ou l'exemple avaient fait établir pouvaient faire concurrence aux juges-consuls. S'il en était ainsi, l'ordonnance de 1673 ramena autant que possible la législation à l'unité en faveur des tribunaux consulaires.

« Art. 9. Connaîtront pareillement de l'exécu-
» tion de nos lettres, lorsqu'elles seront incidentes
» aux affaires de leur compétence, pourvu qu'il ne
» s'agisse pas de l'état ou qualité des personnes. »

Les lettres auxquelles il est fait allusion dans cet article sont ce que l'on appelait « *Lettres royaux.* » Sous cette dénomination, on comprenait un grand nombre de lettres émanées du roi et traitant d'une matière générale ou d'une affaire particulière à la personne qui les avait obtenues. Elles étaient adressées aux juges royaux. Telles étaient les lettres de grâce, de rescision, de committimus, de noblesse, de répit, d'émancipation, etc. Ces lettres portaient toujours sous entendue la clause « sauf le droit du roi et d'autrui; » c'est-à-dire que toute personne qu'elles lésaient pouvaient y former opposition. Les juges-consuls n'étant pas juges royaux, on ne leur adressait pas de lettres; de sorte qu'ils ne connaissaient pas des oppositions que des tiers y pouvaient faire par action principale. Mais il se présentait des cas où une partie plaidante se fondait sur des lettres royaux obtenues par elle. C'était un argument qu'elle présentait; et cet argument pouvait être combattu. Toutefois, ce n'était pas l'action principale; ce n'était qu'un incident que les juges-consuls pouvaient vider sans renvoyer l'affaire aux juges royaux. Dans ce cas, dit Jousse, les lettres devaient leur être adressées.

« Art. 10. Les gens d'église, gentilshommes et
» bourgeois, laboureurs, vignerons et autres,
» pourront faire assigner, pour vente de blé, vins,

» bestiaux et autres denrées provenant de leur
» crû, ou par devant les juges ordinaires, ou par
» devant les juges-consuls, si les ventes ont été
» faites à des marchands ou artisans faisant pro-
» fession de revendre. »

La déclaration de 1610 avait défendu de porter
ces contestations devant les juges-consuls (et son
texte reste en vigueur), quand la demande est
formée par un marchand contre un particulier
non marchand. L'ordonnance se préoccupe de
l'hypothèse inverse. En donnant le choix aux pro-
priétaires de denrées provenant de leur crû,
vendues à des marchands, d'assigner ces derniers
devant les juges-consuls ou devant les juges ordinaires, au gré du demandeur, l'ordonnance aurait
méconnu le principe que nul ne peut être distrait
de ses juges naturels, s'il n'avait pas été admis
dès cette époque, à plus forte raison qu'aujour-
d'hui, que les tribunaux de commerce ne sont que
des tribunaux d'exception et que la justice civile
ordinaire est la justice naturelle de tout citoyen.

[[1] Cependant Pothier nous apprend, dans son
traité de la procédure, que dans l'ancienne jurisprudence, on décidait que les tribunaux civils saisis
d'une contestation commerciale étaient incompé-

---

[1] Tous les passages entre crochets ont été ajoutés après le concours.

tents *ratione materiæ;* que l'exception d'incompétence pouvait être proposée en tout état de
cause, et que, dans le silence des parties, elle
devait être appliquée d'office par le tribunal [1].

Nous verrons que le législateur moderne n'a
pas aplani cette difficulté et qu'elle entretient
encore une vive controverse entre la doctrine et
la jurisprudence; mais nous nous sommes interdit
l'examen de ces questions, qui ne sont pas exclusivement du domaine de l'histoire et qui nous
entraîneraient trop loin de la route que nous
devons suivre. Nous nous bornons à signaler
celle-ci pour revenir au texte de l'ordonnance.]

« Art. 11. Ne sera établi dans la juridiction
» consulaire aucun procureur, syndic, ni autre
» officier, s'il n'est ordonné par l'édit de créa-
» tion du siége ou autre édit dûment enregis-
» tré. »

L'édit de 1563 ordonnait déjà que la procédure
devant le tribunal consulaire fût faite sans le ministère d'avocat ni de procureur. C'était la conséquence de la disposition qui voulait que les
parties fussent « ouïes par leur bouche, » et cela
évitait des frais considérables. Le principe d'économie, de toute antiquité, dans les procès pen-
dants devant les conservateurs des foires, fut

---

[1] Boitard. *Leçons sur le code de procédure civile.* t. i, p. 430.

donc maintenu en 1563, en 1667, en 1673 et depuis. Toutefois, si les procureurs étaient exclus des audiences commerciales, il n'était pas défendu, en cas d'empêchement légitime, de se faire représenter par un parent ou voisin, porteur d'un mémoire signé de la partie (édit de 1563, ordonnance de 1667). Il n'y avait pas loin de là à laisser les parties se faire représenter par un mandataire pourvu d'une procuration spéciale, et comme tel on pouvait choisir un procureur ou un avocat. Rien n'est plus juste, du moment que les frais de la procédure ne sont pas augmentés et que les honoraires du mandataire sont quand même à la charge du mandant. Au temps de Jousse, il y avait déjà des agréés, car il dit, sous l'article 11 : « Quoiqu'il n'y ait point de procureurs en titre d'office dans les juridictions consulaires, néanmoins il y a des personnes préposées pour défendre et plaider les causes des particuliers qui ne peuvent ou ne veulent pas plaider par eux-mêmes : ces personnes sont choisies par les juges-consuls et prêtent serment devant eux. »

S'il n'y avait jamais de procureurs en titre d'office, il y avait parfois un procureur-syndic. Jousse nous apprend encore qu'il devait être gradué et que l'on renvoyait devant lui toutes les causes qui renfermaient des questions de droit, pour les juger sur son rapport. Ce magistrat n'exerçait ses fonctions que lorsque l'édit de création du siége, ou un édit postérieur, l'avait institué. L'édit de 1563 ne porte rien de semblable pour Paris. Nous voyons le contraire à Lyon. Il existait un procureur-syndic près de la Conservation avant 1669. Alors, le prévôt des marchands et les échevins, juges-conservateurs, furent autorisés à rembourser le prix de la charge au procureur qui tenait son titre du roi et à nommer eux-mêmes un magistrat remplissant les mêmes fonctions. Le procureur, ainsi choisi par le tribunal lui-même, était élu pour trois ans. Il n'était pas rééligible. L'institution du ministère public près les tribunaux de commerce ne serait donc pas une nouveauté, et l'on pourrait peut-être trouver, dans les débris de l'ancien régime, une méthode applicable au nouvel état de choses. C'est là une grave question que nous nous réservons de traiter à sa place.

[Les derniers articles de l'ordonnance ne sont, eux aussi, que la reproduction de dispositions déjà connues.

L'article 12, relatif à la procédure, renvoie simplement à l'ordonnance de 1667. Les articles suivants comblent une lacune de celle-ci et sanctionnent les mesures prises pour assurer la séparation des juridictions.

Quand une affaire est de la compétence des

juges-consuls, c'est en vain que les parties voudraient échapper à leur jugement par des faux-fuyants de procédure.

Art. 13. Les juge et consuls, dans les matières
» de leur compétence, pourront juger, nonobstant
» tout déclinatoire, appel d'incompétence, prise à
» partie, renvoi requis et signifié, même en vertu
» de nos lettres de committimus aux requêtes de
» notre hôtel ou du palais, le privilége des uni-
» versités, des lettres de garde-gardienne et tous
» autres. »

Nous avons vu l'article 2 de la déclaration de 1565 dire absolument les mêmes choses. Les juges-consuls peuvent passer outre dans les matières de leur compétence ; mais s'ils sont saisis d'une demande qui doit leur rester étrangère, ils doivent renvoyer les parties dès qu'elles le demandent.

« Art. 14. Seront tenus néanmoins, si la connais-
» sance ne leur appartient pas, de déférer au dé-
» clinatoire, à l'appel d'incompétence, à la prise
» à partie et au renvoi. » C'est la déclaration de 1610.

Ces dispositions se retrouvent dans notre droit actuel, à cette différence que l'article 14 de l'ordonnance enjoint aux juges-consuls de *déférer* au déclinatoire, à l'appel d'incompétence et au renvoi ; ce qui fait supposer que ces exceptions devaient toujours être proposées par les parties ; tandis que l'article 424 du code de procédure civile exige que le tribunal de commerce, incompétent à raison de la matière, renvoie les parties d'office, encore que le déclinatoire n'ait pas été proposé. Dans tous les autres cas, l'exception doit être proposée *in limine litis*, et est couverte par toutes défenses [1].

L'article 15 est la sanction des précédents, en même temps que la traduction énergique de la déclaration de 1565.

« Art. 15. Déclarons nulles toutes ordonnances,
» commissions, mandements pour faire assigner,
» et les assignations données en conséquence par
» devant nos juges et ceux des seigneurs, en révo-
» cation de celles qui auront été données par de-
» vant les juge et consuls. Défendons, à peine de
» nullité, de casser ou surseoir les procédures et
» les poursuites en exécution de leurs sentences,
» ni faire défenses de procéder par devant eux.
» Voulons qu'en vertu de notre présente ordon-
» nance, elles soient exécutées, et que les parties
» qui auront présenté leurs requêtes pour faire
» casser, révoquer, surseoir ou défendre l'exécu-
» tion de leurs jugements ; les procureurs qui les
» auront signées, et les huissiers ou sergents qui

---

[1] La jurisprudence, interprétant l'ordonnance dans le sens que le code de procédure a donné à la législation, décidait que les juges-consuls devaient se déclarer incompétents d'office, encore que les parties consentiraient à faire juger par eux une affaire qui ne serait pas de leur compétence. (Voir Jousse, commentaire de l'article 14.)

» les auront signifiées, soient condamnés chacun
» en cinquante livres d'amende, moitié au profit
» de la partie, moitié au profit des pauvres, qui
» ne pourront être remises ni modérées; au paie-
» ment desquelles la partie, les procureurs et les
» sergents seront contraints solidairement. »

Il semblerait, à lire ces lignes, que même à
l'apogée de la puissance de Louis XIV, les discussions qui s'élevaient entre les juridictions rivales
n'avaient point cessé. L'ordre admirable qui règne
dans notre hiérarchie judiciaire a rendu inutile le
maintien de dispositions si sévères. Aucune juridiction ne peut empiéter sur l'autre, et ce n'est
pas le moins grand bienfait qu'ait réalisé la législation moderne que d'avoir mis l'harmonie là où il
n'y avait autrefois que confusion.]

L'article 16, concernant les veuves et héritiers
d'un commerçant, lorsqu'ils continuent son commerce, est la régularisation du seul mot qui les
concernait dans l'édit de 1563. C'est encore de la
procédure, et cet article, ainsi que les précédents,
aurait été plus à sa place dans l'ordonnance de
1667.

« Art. 16. Les veuves et héritiers des marchands,
» négociants et autres, contre lesquels on pourrait
» se pourvoir par devant les juge et consuls, y
» seront assignés ou en reprise ou par nouvelle
» action; et en cas que la qualité ou de commune

» ou d'héritier pur et simple, ou par bénéfice d'in-
» ventaire soit contestée, ou qu'il s'agisse de
» douaire, ou de legs universel ou particulier, les
» parties seront renvoyées par devant les juges
» ordinaires pour les régler ; et après le jugement
» de la qualité, douaire ou legs, elles seront ren-
» voyées par devant les juge et consuls. »

L'article 17 n'est que la reproduction de la déclaration de 1565, qui, comme nous l'avons dit, posa
les bases de l'article 420 de notre code de procédure civile.

Enfin, l'article 18 est la conséquence de l'article 7 de l'ordonnance. Il veut que les assignations
pour le commerce maritime soient données par
devant les juges-consuls du lieu où le contrat a été
passé et non du lieu d'où le vaisseau sera parti ou
de celui où il aura fait naufrage.

Telles furent les attributions des juges-consuls
après l'ordonnance de 1673. Dans l'histoire de la
justice consulaire, il ne faut pas méconnaître l'importance de ce document, mais il ne faut pas non
plus l'exagérer. Son principal mérite, en ce qui
nous regarde, est d'avoir défini plus clairement les
attributions des juges-consuls ; c'est d'avoir traduit dans le langage du XVIIe siècle les vieux édits
et les vieilles ordonnances ; c'est de les avoir
réunis et codifiés ; c'est d'avoir civilisé la législation. En effet, nous n'avons pas eu à signaler de

nombreuses innovations. Le vieil édit de 1563 est encore la loi fondamentale de l'institution. L'ordonnance est muette sur le mode de l'élection des juges, qui demeure soumis aux anciennes lois. La procédure reste ce qu'elle était d'après l'édit de 1563, modifié quelque peu, comme nous l'avons vu, par l'ordonnance de 1667. La compétence est donc étendue dans plusieurs matières ; mais elle a été diminuée sur un point. Les articles 9 et suivants du titre IV enlevaient à notre juridiction la connaissance des différends entre associés pour l'attribuer à des arbitres. Il ne resta aux juges-consuls que l'homologation des sentences arbitrales. Il a fallu deux siècles pour revenir au point de départ, qui était bon. La loi de 1856, en supprimant l'arbitrage forcé, n'a fait que rendre aux tribunaux de commerce une attribution dont ils jouissaient à leur naissance.

Si le titre XII que nous venons d'analyser trace avec une rectitude inconnue jusqu'alors les pouvoirs des juges-consuls sans les étendre beaucoup, des dispositions éparses dans l'ordonnance nous révèlent les services que l'on tira de l'institution à un point de vue tout à fait différent. On donna aux juges-consuls un pouvoir non contentieux, une certaine autorité administrative, si l'on peut s'exprimer ainsi ; du moins, on mit le tribunal en rapports journaliers avec le commerce, de façon qu'il fut informé de tous les faits graves qui pouvaient survenir dans les affaires des commerçants, et, par suite, affecter le crédit. En outre, dans tous les lieux où il existait une juridiction consulaire, on se servit du greffe comme moyen de publicité pour porter à la connaissance des juges et des commerçants les faits qui les intéressent tous, quand ils intéressent la fortune de l'un d'eux.

C'est en vertu de diverses dispositions de l'ordonnance que les livres des négociants et marchands, tant en gros qu'en détail, devaient être signés, sur le premier et le dernier feuillet, par un consul; ceux des agents de change et de banque devaient être signés et paraphés sur chaque feuillet (titre III, art. 3 et 4) [1].

Un extrait des actes de société était enregistré au greffe et affiché dans un tableau (titre IV, art. 2).

Il fallait publier à l'audience les clauses dérogatoires à la communauté de biens (titre VIII, art. 1er).

Un négociant ne pouvait obtenir des lettres de répit, qu'en remettant au greffe un état certifié de

---

[1] Aux termes de l'article 11 du titre XI, les faillis qui ne représentaient pas leurs livres signés et paraphés par un consul, pouvaient être déclarés banqueroutiers frauduleux. Les banqueroutiers frauduleux étaient punis de mort (art. 12).

tous ses effets, tant meubles qu'immeubles (titre IX, art. 1er).

Ceux qui voulaient obtenir le bénéfice de la cession de biens devaient, tout en remplissant les formalités ordinairement observées, « comparoir en » personne à l'audience de la juridiction consu- » laire, pour y déclarer leurs nom, surnom, qua- » lités et demeure, et qu'ils avaient été reçus à » faire cession de biens. » La déclaration était lue et publiée par le greffier et insérée dans un tableau (titre X, art. 1er).

Enfin, en cas de faillite, les négociants étaient tenus de remettre au greffe tous leurs livres et registres (titre XI, art. 3).

Ce sont là les attributions extrajudiciaires que l'ordonnance avait conférées aux juridictions consulaires. Elles n'ont point d'importance juridique, mais elles en ont une telle en pratique que nous les avons conservées toutes et considérablement augmentées. A ce titre, nous ne devions pas les passer sous silence.

Il résulte de tout cela que l'ordonnance du commerce est un document qu'il ne faut pas négliger. C'est une station à laquelle l'histoire doit s'arrêter dans sa course à travers les siècles. C'est un nouveau point de comparaison pour la législation moderne.

Elle contenait une heureuse innovation en attribuant aux juges-consuls la connaissance de la plus grande partie du commerce maritime. C'était bon et c'était sage. Malheureusement cela portait atteinte aux prérogatives des officiers de l'amirauté, en possession depuis des siècles du pouvoir de juger les différends maritimes. Les réclamations furent d'autant plus vives qu'elles étaient plus intéressées. Le roi, tout puissant qu'il était, ne fut pas assez fort ou assez sage pour résister aux instances d'un des grands dignitaires du royaume, et l'un des plus grands bienfaits de l'ordonnance du commerce se trouva promptement anéanti.

Dans son commentaire de l'ordonnance de 1681, Valin explique naïvement comment la chose se passa. C'est sans réflexion, dit-il, que l'article 7 fut inscrit dans le titre XII de l'ordonnance de 1673, et c'est par erreur que les juges-consuls furent autorisés à connaître du commerce de mer. « Aussi à peine cette ordonnance fut-elle publiée, que M. le comte de Vermandois, alors grand amiral de France, se pourvut au conseil d'Etat du roi, par requête en opposition contre cet article; opposition fondée sur ce que, de tout temps, ces sortes de causes avaient été de la compétence de sa juridiction, et qu'elle serait ruinée si cet article subsistait. » Sur cette requête, qui avait aussi pour motif la cassation d'une sentence des juges-consuls de la Rochelle, intervint, le 28 juin 1673, un

arrêt rendu au conseil d'Etat du roi, au camp tenu
devant Maëstricht, qui ordonne que dans un mois
« les officiers de l'amirauté rapporteraient ès
» mains du sieur Colbert les édits et déclara-
» tions, ordonnances et arrêts en vertu desquels
» ils prétendaient avoir droit de connaître des as-
» surances, grosses aventures, promesses, obli-
» gations et contrats concernant le commerce de
» la mer, le fret et le naulage des vaisseaux, pour
» iceux vus et examinés, et à son rapport au con-
» seil, leur être fait droit ainsi qu'il appartiendra.
» Et cependant, Sa Majesté a sursis et surseoit à
» l'exécution de l'article 7 du titre XII de l'ordon-
» nance du mois de mars dernier. Ordonne, en
» conséquence, que les officiers des amirautés con-
» tinueront l'exercice de leurs charges et connaî-
» tront du commerce de la mer comme ils fai-
» saient auparavant. Fait défense aux juges-
» consuls de leur donner aucun trouble ni empê-
» chement, à charge de tous dépens et dommages-
» intérêts. »

Cet arrêt du conseil avait principalement pour
but de statuer sur une espèce particulière, et
quoiqu'il fût un précédent d'après lequel on pouvait
pressentir la décision qui interviendrait sur l'opposition de l'amiral, il ne tranchait pas encore la
question de principe puisqu'il ordonnait un apurement de faits et chargeait Colbert d'un rapport

sur la question. Les juges-consuls s'émurent. Ceux de la Rochelle qui étaient en cause, et auxquels s'étaient joints ceux de Rouen, Paris, Marseille, Bordeaux, Bayonne et Dieppe, firent tout ce qu'ils purent pour conserver une attribution que le bon sens leur donnait. Leurs efforts furent vains, et le 13 avril 1679 fut rendu l'arrêt qui donnait raison à l'amirauté.

« Le roi, en son conseil, faisant droit sur les
» requêtes respectives des parties, sans s'arrêter
» à l'opposition des juges-consuls, ordonne que
» les arrêts du conseil d'Etat des 28 juin et 23
» juillet 1673 seront exécutés selon leur forme et
» teneur; ce faisant a maintenu et gardé défini-
» tivement les juges de l'amirauté, même ceux de
» l'amirauté de Rouen, au droit et possession de
» connaître des différends procédant des assu-
» rances, grosses aventures, promesses, contrats
» et obligations touchant le commerce de la mer,
» le fret et le naulage des vaisseaux, comme ils
» auraient pu le faire avant l'article 7 du titre XII
» de l'ordonnance du mois de mars 1673.... fait
» défense aux juges-consuls de les y troubler à
» peine de nullité, cassation de procédures et de
» tous dépens et dommages-intérêts. »

Sur cet arrêt furent expédiées les lettres-patentes du 29 juillet 1679. Enfin, cet état de choses fut définitivement confirmé par le titre II (liv. 1er) de

l'ordonnance de 1681, réglant la compétence des
officiers de l'amirauté, dont l'article 2 abroge définitivement le septième du titre XII de l'ordonnance
de 1673.

« Déclarons de leur compétence toutes actions
» qui procèdent de chartes-parties, affrétements
» ou nolissements, connaissements ou polices de
» chargement, fret ou nolis, engagements ou
» loyers de matelots, et des victuailles qui leur
» seront fournies par l'ordre du maître pendant
» l'équipement des vaisseaux, ensemble des po-
» lices d'assurances, obligations à la grosse aven-
» ture ou à retour de voyage, et généralement de
» tous contrats concernant le commerce de la mer,
» nonobstant toutes soumissions et priviléges à ce
» contraires. »

L'illustre commentateur de l'ordonnance de la
marine, qui, du reste, met son œuvre sous le
patronage du duc de Penthièvre, grand amiral de
France, loue sans réserve ces dispositions. Ce
n'est que par erreur, dit-il, ou par surprise que
l'ordonnance de 1673 avait attribué aux juges-
consuls la connaissance de différends qui appartenait de droit aux officiers de l'amirauté. C'est
avec juste raison que l'ordonnance de 1681 remet
les choses dans l'état qu'elles avaient auparavant,
et qu'elles auraient toujours gardé sans les empiétements aussi injustes qu'incessants des juges-

consuls sur les attributions d'une juridiction rivale. Empiétements injustes, car de toute antiquité, et bien avant la création des tribunaux consulaires, les officiers de l'amirauté avaient compétence pour tous les contrats relatifs au commerce de la mer. D'ailleurs, si on enlevait ces causes au tribunal qui les avait toujours jugées, il serait devenu complètement inutile. Enfin, le roi changeant les juridictions à sa volonté, les juges-consuls n'avaient point à se plaindre de ses décisions.

Le temps et le progrès des lumières ont fait justice de ces maximes. Si Valin avait à juger aujourd'hui cette partie de son œuvre, il reconnaîtrait sans doute combien son panégyrique est menteur, combien ses arguments sont légers. Il est bien certain que l'antiquité de la juridiction des officiers de l'amirauté n'était pas un titre suffisant pour lui faire rendre des attributions plus utilement données aux juges-consuls. S'il en était ainsi, les tribunaux consulaires n'auraient jamais dû être établis, car les causes qu'ils jugent étaient portées, de toute antiquité, devant les tribunaux ordinaires dont la compétence a été diminuée d'autant. D'autre part, si les officiers de l'amirauté n'avaient plus rien à juger en présence de l'ordonnance de 1673, c'est que leur juridiction était inutile; alors il n'y avait qu'à la supprimer plutôt que de la restaurer et de conserver un tribunal qui ne faisait qu'accroître la confusion de la justice et entretenir des gens du roi qui étaient nécessairement rémunérés par les justiciables. Mais les officiers de l'amirauté avaient d'autres soins que de rendre la justice, et leur administration eût eu parfaitement sa raison d'être s'ils avaient été privés de leurs attributions judiciaires. Enfin, si la volonté des souverains est respectable, c'est surtout quand elle a pour objet le bien des peuples. Or, il est évident pour nous que, dans cette circonstance, l'intérêt des justiciables fut sacrifié à celui des fonctionnaires et des privilégiés. Valin lui-même ne peut échapper à la logique des faits. En effet, malgré l'ordonnance, les conflits judiciaires subsistèrent. C'est que dans toute cause maritime il y a un élément commercial, et que pour satisfaire les prétentions des officiers de l'amirauté en même temps que celles des juges-consuls, il fallait de toute nécessité scinder la plupart des affaires et en renvoyer chaque partie devant le tribunal qui devait en connaître, de sorte qu'au lieu d'un procès on en avait deux.

Ce fut donc un grand tort, de revenir sur l'idée qu'on avait si heureusement inaugurée en 1673. Il fallait au contraire la développer et supprimer tout à fait la juridiction des officiers de l'amirauté dans toutes les causes commerciales.

Ce fut une faiblesse de la part de Colbert, qui avait si admirablement compris les besoins du commerce et l'importance de la marine marchande. Peut-être n'en vit-il pas les conséquences; peut-être dut-il céder à des exigences plus fortes que sa raison. Il gouvernait dans un temps où les priviléges étaient ce qu'on respectait davantage. Il fallut le renversement de tout l'ancien édifice social pour que les intérêts publics fussent sainement compris, et, en ce qui nous concerne particulièrement, pour donner à la juridiction consulaire le développement légitime de ses attributions.

Nous avons fait remarquer que l'édit de 1563 laissait en dehors de la compétence des tribunaux consulaires la connaissance des faillites et banqueroutes qui restaient dans les attributions des juges ordinaires. L'ordonnance de 1673 n'apporta aucun changement à cet état de choses. Cependant les faillites furent excessivement nombreuses sous la Régence et sous le règne de Louis XV. La misère profonde dans les basses classes, la corruption et l'agiotage dans les hautes, expliquent les embarras du commerce, même honnête. La procédure devant la juridiction ordinaire était plus ruineuse que la faillite. C'est ce que nous apprend le préambule de la déclaration du 3 mai 1722, qui proroge attribution aux juridictions consulaires de la connaissance des différends civils relatifs aux faillites et banqueroutes et dans lequel on fait dire au roi... « Cela nous a paru absolument nécessaire » pour prévenir la ruine totale de plusieurs mar- » chands et négociants de bonne foi, s'ils étaient » rigoureusement poursuivis par leurs créanciers » en différents tribunaux où ils essuieraient des » frais et des longueurs considérables, dont l'évé- » nement serait également préjudiciable aux créan- » ciers et aux débiteurs. » C'était par ces considéra- tions qu'une déclaration en date du 10 juin 1715 avait conféré temporairement aux tribunaux consulaires une compétence que la loi ne leur accordait pas, en leur donnant la connaissance de « tous les » procès et différends civils mus et à mouvoir pour » raison de faillites et banqueroutes ouvertes de- » puis le 1er avril de la présente année (1715) ou » qui s'ouvriront dans la suite, jusqu'au 1er jan- » vier 1716. » Sauf appel au parlement du ressort. Des déclarations successives vinrent proroger celle du 10 juin 1715. Elles sont des 7 décembre 1715, 10 juin et 21 novembre 1716, 29 mai et 27 décembre 1717, 5 août 1721, 3 mai 1722, 4 octo- bre 1723, 4 juillet 1724, 30 juillet 1725, 21 juillet 1726, 7 juillet 1727, 31 juillet 1728, 31 août 1729, 19 septembre 1730, 4 août 1731 et 5 août 1732. Ces déclarations étaient générales et attribuaient compétence pour la faillite à toutes les juridictions consulaires du royaume. A Paris, seulement, une déclaration du 30 juillet 1715 soumettait les contestations et la procédure en cette matière au prévôt de Paris ou à son lieutenant, pour ne pas surcharger les juges-consuls qui pouvaient à peine suffire à l'expédition des affaires ordinaires. Nous n'avons pas besoin de faire remarquer que la Conservation de Lyon avait depuis longtemps la connaissance des faillites, tant au civil qu'au criminel.

L'extension de la compétence des juridictions consulaires pour les faillites cessa donc après la déclaration de 1732. Toutefois, certains ressorts restèrent plus longtemps possesseurs de cette attribution. Il en fut ainsi notamment pour les juges-consuls de Lille, en vertu de déclarations du roi de 1737, 1739, 1759, 1760 et 1774. Quant aux ressorts pour lesquels la prorogation cessa, on y vit surgir de nouveaux conflits, mais les parlements surent y mettre ordre en maintenant les juges-consuls dans les limites que la loi fixait à leur juridiction.

Le législateur moderne a fait la distinction entre la faillite et la déconfiture. Il a bien compris que les faillites qui sont un événement purement commercial devaient être soumises à la juridiction consulaire. La loi ancienne a pris soin de nous montrer elle-même à quelle inconséquence elle arrivait par suite du faux principe qu'elle avait adopté. Les abus et les fraudes étaient fréquents. Il n'était pas rare de voir les bilans des faillis contenir des créanciers supposés ou des créances exagérées. Il n'y avait point alors de vérification de créances contradictoire entre les créanciers, le failli et le syndic, sous la surveillance d'un juge. Il était dès lors fort difficile de dégager la vérité. Pour faire cesser les abus et le scandale, une déclaration du 13 septembre 1739 ordonna qu'en toutes faillites et banqueroutes on ne recevrait pas d'affirmation de créance et on n'homologuerait aucun contrat d'a-termoiement sans que les titres aient été examinés par les juges-consuls ou par d'anciens consuls ou commerçants commis par eux à cet effet. « Et » comme nous avons reconnu, lit-on dans la décla-» ration, que les abus viennent principalement de » ce que par les procédures qui se font à l'occasion » des faillites, les faux créanciers compris dans » les bilans avec les légitimes, s'exposent plus » volontiers à faire leur affirmation, parce qu'ils » ne sont point connus des juges; au lieu que s'ils » paraissaient devant les juges-consuls, qui, par » leur état, sont plus particulièrement instruits » des affaires du commerce et de la réputation de » ceux qui se disent créanciers, les bilans seraient » examinés de manière à être affranchis de toute » fraude, etc. » Il fallut donc que deux juridictions différentes s'occupassent des faillites et qu'une partie de la procédure se fît devant le tribunal consulaire pour que celui qui devait juger fût suffisamment éclairé. Si les tribunaux civils n'avaient pas les connaissances voulues pour juger une telle matière, il aurait mieux valu laisser les juges-consuls, « qui par leur état étaient plus particu- » lièrement instruits des affaires du commerce, » conduire et juger les causes des faillites et banqueroutes, au moins quand il s'agissait d'un commerçant. Mais qu'auraient dit encore les juges royaux qui achetaient leur charge?

Nous avons terminé l'exposé des attributions générales de la justice consulaire avant la Révolution. Pour ne pas perdre de vue l'objet principal de notre étude, nous avons laissé de côté quelques détails, que nous ne voulons pourtant pas omettre et qui trouvent maintenant leur place.

Ce n'était pas assez de la confusion des juridictions pour faire surgir entre elles des conflits préjudiciables au public; il fallait que la mauvaise délimitation de leurs ressorts vînt encore augmenter les embarras des malheureux plaideurs. Les tribunaux consulaires n'échappèrent point sous ce rapport au défaut général d'organisation, et, dès qu'ils furent établis, les justiciables eurent une occasion nouvelle pour plaider l'incompétence, soit à raison de la matière, ce qui donnait lieu aux conflits de juridiction dont nous avons pu apprécier l'importance et le nombre, soit à raison de la personne, ce qui donnait lieu à des conflits d'un autre genre, soit entre les tribunaux consulaires eux-mêmes, soit entre ceux-ci et les juges ordinaires.

Les édits d'établissement des siéges de juges-consuls sont muets relativement à l'étendue de leur ressort. Dans l'origine, établis dans une ville, il était entendu qu'ils avaient compétence sur tous les marchands de cette ville et de sa banlieue. Mais les nouveaux venus étaient, paraît-il, fort entreprenants; au moins si l'on en croit les plaintes que les autres juges poussaient contre eux, ainsi que les nombreux arrêts des parlements et même les ordres souverains qui sans cesse interdisaient à la juridiction consulaire d'empiéter sur les attributions des autres. Car il ne faut pas croire, avec M. Nouguier, qu'ils aient toujours été les victimes désignées à la haine et à la rancune des juges ordinaires. Il est constant que la nouvelle juridiction eut à subir des entraves de tout genre de la part de ceux dont elle blessait les intérêts; mais souvent aussi les plaintes étaient fondées. Lorsque son utilité fut bien démontrée, qu'elle n'eut plus à craindre pour son existence, elle ne se fit pas faute, dans bien des circonstances, de vivre aux dépens de ses voisins. Bientôt donc, les juges-consuls étendirent leur compétence au-delà des

limites territoriales que l'usage plutôt que la loi
leur avait assignées. L'ordonnance de Blois, de
1579, prit une mesure générale à cet égard. En supprimant les siéges des juges-consuls dans toutes
les villes où il y avait peu de commerce, et en
renvoyant les affaires qui s'y trouvaient pendantes
aux juges ordinaires, avec l'injonction de vider les
causes de marchand à marchand, pour le fait de
marchandise et négoce, sommairement et sans
que les parties fussent chargées de plus grands
frais que ceux qu'elles auraient supportés devant
les juges-consuls, cette ordonnance faisait une délimitation très-exacte, pour le présent comme pour
l'avenir, du ressort de chaque tribunal consulaire.
En effet, chaque juge royal qui n'avait pas dans
son ressort un siége de juges-consuls, ayant compétence commerciale dans toute l'étendue de sa
justice, il en résultait forcément que les tribunaux
consulaires ne pouvaient avoir un ressort plus
étendu que celui du juge royal auprès duquel ils
existaient, sans quoi ils auraient empiété sur celui
du juge voisin. La loi fut pourtant éludée, et une
ordonnance du 7 avril 1759, dont les motifs font
parfaitement connaître le mal, dut y porter remède. Après avoir rappelé l'institution des justices
consulaires sur le modèle de celle de Paris, dont le
ressort n'avait jamais été plus étendu que la ville
elle-même, et l'article 240 de l'ordonnance de

Blois, celle de 1759 s'exprime ainsi : « Quoiqu'on ne
» pût pas croire que l'intention de cette loi fût
» d'augmenter le ressort des juridictions consu-
» laires établies dans les principales villes des pro-
» vinces, cependant nous avons appris que plu-
» sieurs de ceux qui les composent se sont crus
» substitués aux officiers des juridictions suppri-
» mées, et qu'ils devaient les remplacer dans
» l'administration de la justice pour les villes
» inférieures des provinces, quoique l'article 240 de
» l'ordonnance de Blois renvoyât disertement, et
» en termes exprès, devant les juges ordinaires,
» et non devant les juges et consuls des villes
» principales, les causes de marchand à marchand,
» pour raison de négoce et de marchandise, qui
» étaient pendantes dans les juridictions suppri-
» mées des villes inférieures. Pour remédier à cet
» abus, que l'usage a introduit dans quelques pro-
» vinces, et qui a même été confirmé par quelques
» jugements sur le fondement de la possession,
» nous avons estimé qu'il était nécessaire de re-
» nouveler les dispositions de l'ordonnance de
» Blois, afin de ne point obliger les marchands et
» négociants de plaider pour des objets peu consi-
» dérables dans des villes éloignées de leur rési-
» dence, et qu'ils puissent trouver sur les lieux une
» justice prompte et sommaire.

» A ces causes..... Ordonnons :

» Art. 1er. Que l'article 240 de l'ordonnance de
» Blois sera exécuté selon sa forme et teneur, et,
» suivant icelui, que les juge et consuls ne puis-
» sent connaître des contestations qui seront por-
» tées devant eux, encore qu'elles soient de mar-
» chand à marchand, et pour fait de marchandises
» et négoce, si le défendeur n'est domicilié dans
» l'étendue du bailliage ou sénéchaussée du lieu
» de leur établissement.

» Art. 2. Si le défendeur est domicilié dans un
» bailliage ou sénéchaussée dans l'étendue desquels
» il n'y ait point de juridiction consulaire établie,
» les parties ne pourront se pourvoir dans aucunes
» juridictions consulaires voisines, encore que la
» juridiction consulaire voisine soit établie dans
» un bailliage qui soit le siége principal du bail-
» liage du domicile du défendeur. Mais elles seront
» tenues de procéder par devant les juges ordi-
» naires du défendeur, auxquels nous enjoignons
» de juger les causes consulaires sommairement,
» et ainsi qu'il est prescrit par l'ordonnance du
» mois d'avril 1667 pour les matières sommaires,
» et de se conformer aux dispositions de l'ordon-
» nance de 1673, et autres lois concernant les ma-
» tières consulaires, sans qu'ils puissent prononcer
» dans ces sortes d'affaires aucuns appointements,
» et prendre aucune épice, à peine de restitution
» et autres peines.

» Art. 3. Exceptons néanmoins de la disposition
» des deux articles précédents, le cas où la pro-
» messe aura été faite et la marchandise fournie,
» et celui où le paiement aura été stipulé être fait
» en un certain lieu; èsquels cas, si la matière est
» consulaire, le défendeur pourra être assigné en
» la juridiction consulaire dudit lieu, encore que
» cette juridiction soit établie dans un bailliage
» qui ne soit pas du domicile du défendeur, le tout
» conformément à l'article 17 du titre *de la*
» *juridiction des consuls,* de l'ordonnance de
» 1673. »

Il est impossible d'être plus clair que ce texte;
aussi nous dispenserons-nous de toute appréciation
sur cette ordonnance, dont les prescriptions sont
encore en vigueur.

Les difficultés relatives à la compétence, soit
personnelle, soit matérielle, avaient leur importance, parce qu'elles intéressaient tous les justiciables; mais elles ne furent pas les seules susci-
tées à la juridiction consulaire. On trouve dans
l'ouvrage de M. Nouguier sur les tribunaux de
commerce le martyrologe des ennuis, des tracasseries, plutôt que des persécutions que les juges-
consuls eurent à subir de la part de toutes les justices rivales. L'auteur a peut-être attaché trop
d'importance à des puérilités qui n'étaient que dé-
sagréables pour les magistrats consulaires. Ils

surent triompher de toutes les embûches qu'on leur tendait et les sots procédés qu'on eut à leur égard ne servirent qu'à affirmer leur existence et à augmenter le prestige de leur autorité. Nous ne voulons point recommencer une narration que M. Nouguier a rendue des plus intéressantes; mais nous trouvons sur notre chemin la trace de ce qui se passa pour le serment des juges-consuls. Nous croyons devoir appeler l'attention sur ce point. La matière est en elle-même peu importante ; cependant cette digression nous prouvera qu'à la fin du XVIII° siècle, à la veille de la Révolution, les mauvais procédés, les taquineries des juges ordinaires vis-à-vis de leurs collègues du commerce n'avaient pas cessé et qu'ils ne négligeaient aucun moyen pour éloigner de la justice rivale les magistrats qui pouvaient l'honorer.

Nous savons que, d'après l'édit de création, les juges entrant en fonctions devaient prêter serment devant les anciens, et nous avons fait remarquer combien cette méthode nous paraissait simple et digne. Nous savons aussi que le Parlement de Paris n'enregistra l'édit de 1563 qu'en exigeant que les magistrats consulaires prêtassent serment devant lui. Cette modification fut apportée dans quelques édits d'établissement; d'autres furent muets sur ce point ou admirent le serment devant les anciens juges. Toujours est-il que dans certains cas, alors que le

siége des juges-consuls était éloigné de celui du
Parlement, les négociants élus étaient condamnés
à des voyages et à des frais qui pouvaient empêcher quelques-uns d'entre eux d'accepter des fonctions dont ils étaient dignes à tous égards. Aussi
fut-il bientôt décidé que dans les villes où il n'y
avait point de cour de Parlement, les juges-consuls
prêteraient serment devant le juge royal du lieu où
siégeait la juridiction consulaire. Le juge avait
pour cela délégation du Parlement. C'est cette méthode qui est aujourd'hui en vigueur. Mais les
juges inférieurs, qui ne vivaient pas en bonne
intelligence avec leurs collègues du commerce,
trouvèrent là un moyen de soulever des difficultés
que des lettres patentes du 18 août 1787 voulurent
faire cesser. « Nous avons été informé, y est-il dit,
» que dans plusieurs villes de notre royaume
» où il a été établi des juridictions consulaires, il
» s'est élevé des difficultés entre les lieutenants-
» généraux de nos bailliages, sénéchaussées et
» présidiaux et les juges-consuls, relativement à
» la prestation de serment de ces derniers, et que,
» par la crainte d'éprouver les désagréments qui
» en résultaient, des marchands et négociants,
» distingués par leur probité et leurs lumières,
» évitaient, autant qu'il était en eux, d'exercer les
» fonctions attribuées auxdits juges. Dans la vue
» de remédier à cet inconvénient, nous nous

» sommes fait représenter les édits et les déclara-
» tions rendus par les rois nos prédécesseurs, pour
» l'établissement des juridictions consulaires, et
» nous nous sommes convaincu que, dans le plus
» grand nombre de ces juridictions, les juge et
» consuls, nouvellement élus, doivent, aux termes
» de ces lois, prêter serment entre les mains des
» juges sortant de charge, et que, si quelques
» lieutenants-généraux de nos bailliages, séné-
» chaussées et présidiaux se sont crus fondés à
» exiger desdits juge et consuls que le serment fût
» prêté devant eux, ce n'a pu être que par une
» extension abusive des droits et prérogatives dont
» nos cours de parlement sont seules dans le cas
» de jouir. A ces causes..... Ordonnons qu'à compter
» de la date de l'enregistrement des présentes, les
» juge et consuls qui sont élus prêtent le serment
» accoutumé, dans les villes où il existe des cours
» de parlement, entre les mains d'un membre
» d'icelles, et dans celles où il n'en existe pas, entre
» les mains des anciens consuls sortant de charge
» comme commissaires de nos parlements. Défen-
» dons aux lieutenants-généraux de nos bailliages,
» sénéchaussées et présidiaux de les troubler dans
» ladite prestation de serment. »

Le dernier document émané de nos anciens rois
qui nous arrêtera est une ordonnance du mois

de mai 1788 sur l'administration de la justice. Elles sont nombreuses, sous l'ancienne monarchie, les réformes de la justice, et cependant jamais les abus résultant d'une mauvaise organisation n'ont pu être détruits! L'ordonnance de 1788 est la dernière. On trouvait que les degrés de juridiction étaient trop nombreux; que les frais nécessaires pour les épuiser étaient trop considérables. On pensait aussi que les parlements étaient surchargés d'affaires par suite de la facilité qu'on avait de porter devant eux les appels des causes dont la minime importance n'était pas digne d'occuper leurs instants. On craignait surtout leur énorme influence qui leur permettait de tenir en échec la puissance royale elle-même. Alors on imagina les grands bailliages. C'était un degré de juridiction entre le présidial, qui restait le tribunal de première instance, et le parlement. Le grand bailliage jugeait en dernier ressort jusqu'à la somme de 20,000 livres. On portait devant ce tribunal les appels des présidiaux quand la demande n'excédait pas le chiffre de la compétence en dernier ressort du bailliage. Au-delà, on pensait que l'affaire valait la peine d'être jugée par le Parlement. L'article 37 de l'ordonnance concerne la justice commerciale et ordonne que les appels des sentences consulaires soient portés aux présidiaux et grands bailliages pour y être jugés en dernier ressort jusqu'à concurrence de la somme fixée pour leur compétence. A l'égard des sentences consulaires non sujettes à l'appel, les présidiaux et grands bailliages devaient connaître en dernier ressort de leur exécution.

Cette ordonnance avait peu de temps à vivre. La dernière heure de la monarchie était sonnée et le moment était proche où la réforme de la justice allait être radicale. Les grands bailliages furent emportés avec le reste sans avoir pu affirmer leur existence. Nous n'avons point à apprécier cette nouvelle organisation judiciaire qui ne touche que par un de ses articles à notre sujet. A cet égard, l'innovation ne nous semble pas heureuse. Faire porter l'appel des sentences consulaires suivant l'importance de l'affaire, soit devant le présidial, soit devant le grand bailliage, soit même devant le parlement, c'était mettre la confusion là où devait surtout régner la clarté et la simplicité. L'ancien système valait mieux. On y est revenu et l'on a bien fait. L'augmentation du taux de la compétence en dernier ressort des tribunaux consulaires aurait mieux valu.

Mais laissons cette réforme *in extremis*, dont on ne peut apprécier les conséquences. Aussi bien nous sommes arrivés au terme de la période de l'ancienne législation. Pousser plus loin nos re-

cherches, ce serait entrer dans des détails pour le
moins inutiles ou faire l'histoire locale de chaque
tribunal. Il faut pourtant dire encore, parce que
nous aurons plus tard à le rappeler, qu'il fallait
avoir quarante ans pour être élu juge ou président
des consuls, et vingt-sept ans pour être consul
(arrêt du Conseil du 9 septembre 1773); que, depuis la révocation de l'édit de Nantes, les juges
consuls devaient être catholiques. Une déclaration
du 17 mars 1728 contient aussi un principe que
nous ne devons pas passer sous silence. C'est le
renouvellement des magistrats consulaires du
siége de Paris par moitié, en sorte qu'il y ait toujours au moins la moitié des juges ayant l'expérience des affaires. C'est un mode de recrutement
salutaire que nous avons conservé. Quoi qu'il en soit,
ces choses sont petites en comparaison des évè-
nements qui ont modifié l'étendue de la justice
commerciale.

Nous venons encore de suivre son existence
pendant plus d'un siècle; et, si nous nous rappelons ce qui s'est passé, nous voyons que cette période n'a pas été, à beaucoup près, aussi féconde
que la précédente pour les juridictions consulaires.
L'ordonnance de 1673 est le document principal
de la dernière. Nous avons dit ce que nous en
pensions. Nous ne voulons pas y revenir; mais
avant d'entrer dans l'examen de la législation

moderne, nous voulons faire remarquer combien
avaient été lents et difficiles, pendant près de deux
siècles, les progrès d'une magistrature d'une utilité
première pour le commerce. Nous avons eu occasion de comparer l'œuvre de Colbert avec celle
de L'Hôpital et nous avons pu nous convaincre
que le ministre de Louis XIV n'avait, à peu de
choses près, amélioré que dans la forme ce que
le ministre de Charles IX avait fondé. Sous ce rapport, comme sous bien d'autres, le xvi⁰ siècle a
été un siècle de création. Les suivants ont seulement eu à perfectionner. Les conflits de juridictions, le respect exagéré des priviléges furent
pendant les xvii⁰ et xviii⁰ siècles un obstacle insurmontable à l'accroissement légitime des attributions des tribunaux de commerce. L'état de la
civilisation à la fin de l'ancien régime, l'état du
commerce demandaient dans les institutions des
progrès qui ne furent pas réalisés. On comprend
parfaitement que l'édit de création n'ait pu donner
aux tribunaux consulaires toute l'extension dont
ils étaient susceptibles. Le commerce n'avait pas
toutes les ressources qu'il eut depuis. L'expérience
manquait sur bien des matières. Enfin, c'est le sort
de toutes les fondations solides de grandir progressivement et de ne pas dire leur dernier mot à
leur naissance. Mais, plus tard, l'expérience était
faite; des innovations heureuses furent tentées

qui mettaient la législation en harmonie avec les
besoins du commerce. On n'eut pas le courage ou
la force de les maintenir. C'est une tristesse de
voir le législateur de l'ancienne monarchie n'attribuer que temporairement aux tribunaux consulaires la connaissance du commerce maritime et
des faillites, que le bon sens leur donnait. Ainsi,
il faut constater que, sous l'ancien régime, la juridiction commerciale n'arriva pas, en définitive, au
développement qu'elle aurait pu acquérir et que
l'état des lumières et du commerce réclamait pour
elle. Mais si les progrès auxquels elle était appelée
ne furent pas réalisés, ils étaient du moins suffisamment indiqués pour être inévitables. Il ne fallait que renverser les obstacles qui les avaient ar-
rêtés trop longtemps, et ce que les rois les plus ab-
solus n'avaient pu faire dans des siècles, le peuple
le fit en un jour. Plus heureux sur ce point que
sur beaucoup d'autres, le législateur moderne
trouva dans les siéges de juges-consuls une matière appropriée au nouvel ordre de choses et à
laquelle il ne fallait qu'un perfectionnement attendu
depuis longtemps. Il n'eut pas à détruire pour réé-
difier. Il put conserver ce qui existait et mettre
ses soins à compléter un établissement qui, loin de
tomber sous le poids des années, était en pleine
vitalité et ne demandait qu'à fournir une longue
carrière. L'histoire doit cependant tenir compte

à l'ancienne monarchie de n'avoir point étouffé l'indépendance de la justice commerciale, et surtout de ne l'avoir pas jetée dans le vieux moule dans lequel étaient fondues toutes les institutions.

CHAPITRE IV.

Législation intermédiaire. — Discussion a l'Assemblée nationale dans la séance du 27 mai 1790. — Lois des 16-24 aout 1790. — Appel. — Décret des 24-30 mars 1791. — Constitutions successives.—Documents divers.

Un nouvel ordre de choses est établi. L'organisation de la justice va subir une transformation radicale, et cependant après le renversement de toutes les institutions politiques et judiciaires, nous retrouvons la justice consulaire établie sur les mêmes bases que pendant la monarchie, avec cette différence que ses attributions sont plus nombreuses et plus importantes. Nous avons donc eu raison de dire que c'était une institution répondant à un besoin réel; c'est là seulement qu'il faut chercher la cause de sa durée et de sa force. En outre, il s'est trouvé que ses formes s'adaptaient parfaitement aux idées nouvelles. On dirait presque que, parmi toutes les créations de l'ancien régime, elle a pu servir de modèle à celles que l'Assemblée constituante voulait inaugurer. Ce serait

11

aller trop loin; et pourtant on retrouve en elle tous les éléments qui paraissaient alors nécessaires à une bonne justice. On voulait des magistrats élus par le peuple, ne recevant qu'une investiture du roi; on les voulait amovibles. Les anciens juges-consuls ne remplissaient-ils pas toutes ces conditions ? Il arriva donc que dans la nouvelle organisation judiciaire, reposant sur des principes complètement opposés à ceux de l'ancienne, les tribunaux de commerce prirent leur place naturellement, sans qu'il fût besoin de leur faire subir aucune modification et sans que l'œuvre de l'Assemblée nationale fût déparée par l'existence d'un ancien établissement. Au milieu des efforts qui faisaient crouler tous les vieux systèmes, qui changeaient toutes les habitudes, qui modifiaient toutes les traditions, la justice consulaire continua son rôle sans essuyer aucune secousse, sans que ses justiciables s'aperçussent qu'une révolution avait passé.

Les tribunaux consulaires restèrent donc à peu près ce qu'ils étaient. Mais s'ils furent maintenus sans grands efforts, ce ne fut pas sans une certaine opposition. Il appartient à leur histoire de dire quelles vicissitudes ils éprouvèrent.

Le premier rapport sur l'organisation de la justice fut présenté à l'Assemblée nationale par Bergasse, au nom du comité de constitution, dans la séance

du 17 août 1789. Ce premier projet contenait qu'il y aurait des tribunaux de commerce et d'amirauté et que leurs juges seraient élus par les négociants et les capitaines de vaisseaux. Il ne fut pas discuté immédiatement. Le 22 décembre suivant, Duport fit un second rapport au nom du comité judiciaire; mais ce ne fut que dans la séance du 24 mars 1790 que la discussion générale s'ouvrit par un remarquable discours de Thouret. De nombreux systèmes surgirent alors de toutes les parties de l'assemblée. Les débats s'égaraient quand Barère de Vieuzac proposa, pour mettre de l'ordre dans le travail, de résoudre une série de questions qui formaient la base de l'organisation judiciaire et sur lesquelles on n'était pas d'accord. Cette proposition fut adoptée. Chacune des questions proposées par Barère de Vieuzac fut discutée à son tour, et les décrets rendus sur chacune d'elles devinrent les éléments de la nouvelle organisation judiciaire. Il ne resta plus que des questions de forme à résoudre. La loi des 16-24 août 1790 n'est que la codification des décrets intervenus antérieurement sur la proposition de Barère de Vieuzac. Parmi les questions qu'il avait posées, se trouvait celle-ci :
« Les mêmes juges connaîtront-ils de toutes les
» matières, ou divisera-t-on les différents pouvoirs
» de juridiction pour les causes du commerce, de
» l'administration, des impôts et de la police ? »

Cette question était une des dernières à résoudre. Elle ne vint en ordre utile qu'à la séance du 27 mai, et c'est alors que se produisirent les oppositions contre les tribunaux de commerce. Le texte des questions n'avait pas été littéralement conservé. La discussion relative aux tribunaux de commerce s'ouvrit sur cette formule : « Y aura- » t-il des tribunaux d'exception ? » Aux yeux prévenus de nombreux représentants ce titre était une défaveur. Les tribunaux d'exception n'étaient-ils pas une des plaies les plus profondes de l'ancienne organisation judiciaire? N'était-ce pas conserver des traditions que l'on repoussait absolument que de maintenir quelque vestige de l'ancien ordre de choses? Était-ce donc la peine d'avoir fait une révolution ?... La question, d'ailleurs, était complexe. Les tribunaux sur le sort desquels on allait statuer, comprenaient ceux qui étaient relatifs à l'impôt, au commerce et à la police. Les tribunaux de commerce se trouvaient en mauvaise compagnie; mais on ajourna d'abord la discussion relative au tribunal des impôts et on s'occupa des tribunaux de commerce.

' [Ceux qui demandaient le maintien de la juri-

' Dans le mémoire que nous avons présenté à l'Académie de législation, nous avions rapporté dans son entier, d'après le *Moniteur*, la discussion qui eut lieu à l'Assemblée nationale, le 27 mai 1790. Profitant des excellentes observations du rapport, nous avons remplacé le texte du *Moniteur* par l'analyse des discours qui ont été prononcés. Toutefois, nous nous sommes

diction consulaire s'appuyaient sur la nécessité de doter le commerce de tribunaux particuliers composés de juges commerçants. Qui peut mieux connaitre la probité des marchands que les marchands, disait-on, et qui peut mieux juger les causes du commerce que ceux qui le pratiquent? Des négociants peuvent seuls apprécier un grand nombre de détails importants; ils peuvent seuls juger en conséquence. Il serait très-dangereux pour le commerce de substituer des juges ordinaires aux juges nommés par les commerçants. Cette substitution occasionnerait une perte inutile de temps et d'argent. D'ailleurs, les avantages de la juridiction consulaire sont sensibles. N'est-ce rien qu'une justice éclairée, prompte et économique, dégagée de toutes les formes de procédure qui ont ruiné tant de plaideurs devant les anciennes juridictions de droit commun? Si la justice commerciale n'avait pas existé, il aurait fallu la créer.

A ces arguments de principe on ajoutait que l'épreuve était faite. On rappelait que la juridiction consulaire avait seule résisté à la contagion et que si les autres tribunaux avaient eu le même désintéressement, il n'aurait pas été besoin de reconstituer l'ordre judiciaire dans son entier. Mais,

efforcé, pour ne pas affaiblir les moyens de la discussion, de reproduire, autant qu'il nous a été possible, les paroles mêmes des orateurs. Toute cette partie a donc été modifiée après le concours.

loin d'avoir jamais démérité, l'institution avait été approuvée par l'opinion publique et conservée dans toute sa pureté pendant plus de deux cents ans. Jamais une réclamation ne s'était fait entendre contre elle, et son maintien était demandé par tous les commerçants.

Il ne faut pas, disait-on encore, s'effaroucher des mots. Celui d'exception dont on qualifiait le tribunal de commerce pouvait avoir une influence fâcheuse sur l'esprit des législateurs. Les tribunaux d'exception avaient fait tant de mal ! Mais il ne s'agissait pas de les maintenir, ils étaient jugés; il s'agissait d'examiner si ce ne serait pas surcharger les juges ordinaires que de leur confier les affaires de commerce dont le nombre augmentait tous les jours. Enfin, malgré tout ce qu'une unité absolue a de désirable, n'est-il pas impossible de régler l'administration d'un grand royaume sans l'établissement de quelques tribunaux particuliers ? Est-il possible aux juges d'avoir des connaissances assez détaillées pour prononcer indistinctement sur tous les faits ?...

Les adversaires de l'institution ne se préoccupaient point des services qu'elle avait rendus ni de ceux qu'elle pouvait rendre. Ils étaient bien forcés de rendre hommage à son passé; toutefois, ils pensaient qu'elle n'était digne d'admiration que parce qu'on la comparait aux juridictions de droit commun qui avaient enfanté les abus les plus vexatoires. Mais ces inconvénients allaient disparaître dans le nouveau régime où des hommes libres, élus par le peuple et jouissant de toute sa confiance, formeraient les nouveaux tribunaux. Il n'y avait donc pas lieu de déparer l'admirable unité qui faisait la base de la constitution par l'établissement d'un tribunal d'exception. Le bien public demandait qu'il n'y eût qu'un seul tribunal dans tout le territoire et que toutes les contestations, tous les procès y fussent portés, afin d'éviter les difficultés de compétence, d'attributions et de règlements de juges; difficultés sans cesse renaissantes et qui ajoutent ordinairement trois ou quatre procès à un procès. On signalait, en outre, cet inconvénient que ces tribunaux ne représenteraient pas l'universalité de leurs justiciables, puisque leur ressort serait plus étendu que la ville dont les seuls habitants pouvaient être admis à concourir à l'élection des juges. On disait enfin que si ces tribunaux étaient utiles, il fallait en doter toutes les villes du royaume; mais qu'autrefois, dans les villes qui n'en avaient pas, les tribunaux ordinaires jugeaient et qu'on ne se plaignait ni de leur ignorance, ni de la lenteur de la justice.

Cependant, tous les orateurs qui repoussaient le maintien de la juridiction consulaire étaient frappés du danger qu'il y aurait à confier à des juges qui ne seraient pas commerçants la solution des contestations commerciales. Alors les combinaisons les plus étranges se produisaient qui toutes ramenaient invinciblement les négociants sur les siéges du tribunal, en sorte que ce qu'il y avait de plus simple, c'était de conserver les juges-consuls tels, ou à peu près, que L'Hôpital les avait organisés. C'était ce qu'on ne voulait pas; et, au lieu de cela, l'un désirait que les affaires commerciales fussent jugées par un tribunal composé d'autant de négociants que d'autres juges; un autre demandait simplement des arbitres qui remettraient leur sentence au greffe et l'expédition donnée par le greffier serait exécutoire; un troisième proposait un jury de commerçants décidant le fait et les juges ordinaires appliquant le droit; un quatrième, enfin, voulait des commerçants comme assesseurs du juge de paix.

Le bon sens de l'Assemblée fit justice de toutes ces utopies, en décidant, presqu'à l'unanimité, qu'il y aurait des tribunaux particuliers pour le commerce.

La cause de la juridiction consulaire était gagnée. N'y a-t-il donc pas chose jugée à cet égard, qu'on tente de la plaider de nouveau devant l'opinion publique? Les adversaires de l'institution ont-ils donc trouvé des armes nouvelles et irrésistibles pour la renverser ? Non. Seulement l'expérience qui était déjà faite il y a près d'un siècle s'est complétée; l'utilité qui était démontrée dès lors l'est davantage; l'opinion unanime du commerce et des législateurs a donné raison aux partisans des tribunaux de commerce; les espérances qu'on avait conçues se sont pleinement réalisées; il n'y a donc pas à craindre pour un établissement dont chaque jour atteste la vitalité en même temps que la nécessité. Les choses n'ont pas changé. Nous retrouvons aujourd'hui, comme en 1790, la lutte éternelle des deux systèmes: celui des idées et celui des faits, celui de la théorie pure et celui de la pratique. Ils sont en présence, non-seulement sur la question de la suppression radicale des tribunaux de commerce, que nous ne voulons pas regarder comme sérieuse, mais sur celle bien autrement importante des perfectionnements dont on voudrait les doter. Puisse le passé nous servir de leçon! Aujourd'hui que l'expérience est faite, ne voit-on pas dans quel abîme on serait tombé si on avait sacrifié les résultats déjà acquis et les espérances promises à l'unité absurde que rêvaient quelques idéologues? L'unité n'est pas la perfection. On a fait depuis longtemps justice de cette idée; cependant, on la comprenait, alors qu'on ne voulait qu'un seul tribunal pour toute la France; on ne la comprend plus dans notre organisation judiciaire, où ce ne sont pas les tribunaux particuliers qui manquent. La juridiction consulaire ne dépare pas davantage l'unité de l'œuvre du législateur moderne que les conseils de préfecture, les conseils des prud'hommes, les cours d'assises, les tribunaux maritimes et tant d'autres. Abandonnons donc les rêveries.

L'histoire de la juridiction consulaire ne doit pas être ingrate; elle doit enregistrer avec reconnaissance les noms de Nairac, Leclerc, Garat aîné et Desmeuniers, qui furent ses défenseurs devant l'Assemblée nationale. Ils seraient, n'en doutons pas, suivis par de nombreux imitateurs dans le chemin qu'ils ont frayé, si la lutte qu'ils ont victorieusement soutenue venait à renaître.]

Les tribunaux de commerce, maintenus en principe par la décision de l'Assemblée nationale du 27 mai 1790, furent organisés par la loi des 16-24 août suivant. Le titre XII de cette loi est consacré aux « juges en matière de commerce. » Or, si nous voulons dégager les idées qui ont inspiré le législateur de 1790, nous trouvons facilement les mêmes principes qu'en 1563, c'est-à-dire une partie de la loi consacrée à l'organisation des tribunaux, l'autre à leur compétence. La première est traitée avec bien plus de détails que la seconde. Cela se conçoit : l'organisation de la justice reçoit le contrecoup des régimes politiques. C'est par l'organisa-

tion que l'influence du milieu dans lequel s'agite
la société se fait sentir sur les tribunaux. La compétence, au contraire, est l'élément purement juridique, celui qui s'approche le plus de la vérité
absolue, qui reste stationnaire, par conséquent,
et sur lequel les événements extérieurs n'ont pas
de prise. Or, les temps étaient changés, les pouvoirs étaient déplacés; en outre, un progrès général s'était réalisé, une immense aspiration de
liberté se manifestait, qui devaient amener, non-
seulement des changements, mais des innovations
dans la loi. Et pourtant, quand on considère la différence qui existait dans les temps et dans les institutions, quand on voit ce que la Révolution avait
fait de la France de Charles IX et de Louis XIV,
et quand on compare la loi de 1790 avec l'édit de
1563, on est frappé d'étonnement en voyant que
la justice consulaire, telle que l'avait créée le
chancelier L'Hôpital, survit dans son intégrité, et
qu'à la rigueur, elle aurait pu s'adapter sans aucune
modification au nouvel ordre de choses.

Sous la monarchie, on établissait un siége de
juges-consuls dans une ville quand le besoin s'en
faisait sentir. Aucun acte législatif ne déterminait
à l'avance quel serait le nombre des justices consulaires, ni les lieux où elles s'exerceraient. Leur
création dépendait du bon plaisir du roi, et il faut
dire que le nombre de siéges existant à la veille

de la Révolution paraît avoir été suffisant pour
l'expédition des affaires. L'article 1er du titre XII
de la loi de 1790 veut combler cette lacune qui
existait dans la loi, tracer une méthode fixe et
déterminée pour la création des tribunaux de commerce et surtout l'enlever à l'arbitraire du roi.
« Il sera établi un tribunal de commerce dans les
» villes où l'administration de département jugeant
» ces établissements nécessaires en fera la de-
» mande. » Un pareil texte est nouveau dans la
législation, mais les idées qu'il renferme devaient
être depuis longtemps mises en pratique, quoique
sous le bon plaisir du roi. La création successive
des justices consulaires prouve bien qu'on ne les
avait établies qu'alors qu'elles étaient demandées
par un certain développement de trafic, ainsi que
le voulait l'ordonnance de Blois. L'idée nouvelle,
c'est que la localité qui désire un tribunal de commerce est, en quelque sorte, le juge unique de
l'opportunité de sa création. Cet article premier
n'est donc, en définitive, que la codification des
principes qui se dégageaient de l'ordonnance de
1579, accommodés aux idées nouvelles. L'initiative
ne venait plus du roi, elle venait du peuple; mais de
toute manière l'existence d'un siége consulaire
devait être subordonnée à son utilité. Cependant,
cette innovation dans la forme portait avec elle un
abus que l'Assemblée nationale évita rarement de

faire naître, dans son désir de réformes radicales.
En laissant aux administrations de département le
droit de demander des tribunaux de commerce, il
était à craindre d'en voir s'établir dans des villes
où ils auraient été complètement inutiles, et c'est
ce qui arriva. Aussi les inconvénients que l'ordonnance de Blois avait voulu faire disparaître se
reproduisirent. Nous verrons aussi dans la suite
qu'on abandonna ce mode d'établissement des tribunaux de commerce pour revenir à la pratique de
l'ancienne monarchie, avec des garanties nécessaires contre l'arbitraire, mais qu'on n'a pas répu-
dié autant qu'il aurait fallu l'héritage que nous
avait laissé l'article premier de la loi de 1790.

Un tribunal de commerce établi, comment était-
il composé? L'article 6 répond à cette question.
« Chaque tribunal sera composé de cinq juges; ils
» ne pourront rendre aucun jugement s'ils ne sont
» au nombre de trois au moins. » C'était faire une
mauvaise application de cette inflexible unité qui
voulait courber sous son niveau toutes les institutions de l'époque. Si, dans certains tribunaux, c'est
assez de cinq juges, dans d'autres, la multiplicité
des affaires en exige un plus grand nombre. On
fut bientôt obligé de revenir sur la prescription
de l'article 6. On établit d'abord des juges suppléants, et plus tard on revint à la vérité en pro-
portionnant le nombre des juges à l'importance de

chaque tribunal. C'était ce qui se faisait sous l'ancien régime. Nous ne pouvons donc pas regarder comme un progrès la modification apportée par la loi de 1790.

Pour nommer les juges, nous retrouvons l'élection, après comme avant la Révolution.

» Art. 7. Les juges du commerce seront élus dans » l'assemblée des négociants, banquiers, mar- » chands, manufacturiers, armateurs ou capitaines » de navires de la ville où le tribunal sera établi. » L'ancienne législation remettait le soin d'élire les juges à une assemblée de notables. On remplaçait cela par le suffrage universel. Nous ne pensons pas que l'innovation fût heureuse. L'ancien système régularisé et surtout généralisé nous semble promettre de meilleurs résultats. En outre, nous regardons comme une faute de calquer les institutions commerciales qui demandent de la stabilité ou qui ne doivent changer qu'avec une sage lenteur, sur les institutions politiques qui sont exposées à de soudains bouleversements. C'est une faute que l'on a toujours commise et que l'on commettra toujours, parce que, grâce aux partis qui divisent la France, il est dans l'intérêt de leurs membres actifs de mêler la politique à toutes les questions, même à celles qui la supportent le moins, par exemple à la justice. Quand on a fait une révolution au nom d'un système, on ne peut

se déjuger après la victoire et répudier le lendemain ce qu'on préconisait la veille. Aussi, tout en
repoussant l'élection des magistrats consulaires
par le suffrage universel, nous comprenons que
l'Assemblée constituante n'avait pas le choix et
qu'il lui était impossible d'adopter une autre
méthode quand la liste des notables devait passer
pour constituer une aristocratie commerciale.
Ajoutons, pour rendre pleine justice à l'Assemblée, qu'elle était de bonne foi; qu'elle croyait
sincèrement à la puissance et à l'efficacité du suffrage universel. Quoi qu'il en soit, cette partie de
l'article 7 ne dura pas et l'imitation fâcheuse qu'on
en fit, en 1848, dura encore moins.

Mais, sous un rapport tout différent, cet article
contient un progrès qui est resté. Le même mode
d'élection fut désormais applicable à tous les tribunaux consulaires de la France. Les différences
locales qui résultaient des édits de création, peut-
être même des usages, étaient et sont demeurées
anéanties. L'unité ainsi comprise ne produit que
des bienfaits.

L'assemblée des électeurs était convoquée par
les juges-consuls en exercice, et, pour la première
fois, par les officiers municipaux, dans les lieux
où il était fait un établissement nouveau. (Art. 8.)
Le commerce faisait ses affaires lui-même. C'était
la règle de l'édit de 1563, que nous regrettons de

voir bannie de nos codes. Ici, le maintien de l'ancienne législation valait mieux que tout ce qu'on a fait depuis.

Pour être juge, il fallait avoir trente ans et avoir fait le commerce pendant cinq ans dans la ville où le tribunal était établi. Le président devait avoir trente-cinq ans et faire le commerce depuis dix ans au moins. (Art. 9.) Les conditions d'âge sont donc un peu modifiées. On demande plus de maturité. On y ajoute une sage garantie en exigeant une espèce de stage commercial de la part des candidats aux fonctions de juges et à la dignité de président.

Les juges devaient rester deux ans en exercice. Le président était changé tous les deux ans par une élection particulière ; les autres juges étaient renouvelés tous les ans par moitié. La première fois, ceux qui avaient eu le moins de voix quittaient leurs fonctions à l'expiration de la première année, les autres, à tour d'ancienneté. (Art. 11.) La pensée qui a dicté cet article se trouvait déjà dans la déclaration du 17 mars 1728, relative aux élections du tribunal de Paris. L'amélioration qu'elle comportait fut étendue à toute la France.

Enfin l'article 13 n'est que la reproduction de l'article 239 de l'ordonnance de Blois. « Dans les » districts où il n'y a pas de juges de commerce,

» les juges de district connaîtront de toutes les ma-
» tières de commerce et les jugeront dans la même
» forme que les juges de commerce. »

C'est ainsi que l'Assemblée constituante organisa les tribunaux de commerce. Il faut considérer cette partie de son œuvre sous deux aspects : rechercher ce qu'elle a conservé et ce qu'elle a créé. Ce qu'elle a conservé, c'est l'élection, le renouvellement du tribunal par moitié, la convocation des électeurs par les juges-consuls, l'établissement des tribunaux de commerce là seulement où ils sont nécessaires, partout ailleurs la justice ordinaire jugeant commercialement. Là-dessus, rien de changé. Des termes nouveaux remplacent les anciens, et c'est tout. C'est aussi la meilleure partie de l'organisation de 1790, la seule qui soit restée parce qu'elle était à l'abri de tout reproche et consacrée par le temps. Ce qu'elle a créé, c'est le suffrage universel remplaçant la liste des notables et le nombre des juges fixé d'une manière uniforme pour tous les tribunaux. C'est la mauvaise partie de l'organisation, celle qui n'a pas vécu. Constatons donc que le seul progrès obtenu sur l'époque antérieure, sous le rapport de l'organisation, c'est l'unité de législation appliquée à tous les tribunaux du royaume. Mais ce progrès était dans la Révolution elle-même et devait être une de ses conséquences.

Sous le rapport de la compétence, nous n'avons pas lieu d'être aussi sévère. On fit peu de choses, mais on fit de bonnes choses. Il était dit dans l'article 3 qu'il serait fait un règlement particulier pour déterminer d'une manière précise l'étendue et les limites de la compétence des juges de commerce. Les assemblées révolutionnaires n'eurent pas le temps de s'occuper de ce règlement. L'ordonnance de 1673, qui était bonne, resta donc en vigueur jusqu'à la promulgation du code de 1807, qui est meilleur. Mais en attendant ce règlement, la loi de 1790 posa quelques principes de compétence fort importants; d'abord dans l'article 2, qui donne au tribunal de commerce la connaissance de toutes les affaires, tant de terre que de mer sans distinction. C'est là le plus grand progrès qui ait été réalisé pour la justice consulaire. Le commerce de mer, si étendu et si important, avait enfin ses juges naturels. Nous avons assez dit ce que l'ancienne législation avait d'anomal et de fâcheux pour avoir besoin de faire autre chose que de donner acte du bienfait. Après ce que nous savons, l'article 2 est assez éloquent pour se passer de tout commentaire.

L'article 4 augmentait l'importance des tribunaux de commerce en élevant leur compétence en dernier ressort de 500 à 1,000 livres. L'exécution provisoire, nonobstant appel, en donnant caution était conservée (art. 4), ainsi que la contrainte par corps pour tous les jugements (art. 5). De plus, les contestations sur la validité des emprisonnements étaient portées devant les tribunaux de commerce, et les jugements qu'ils rendaient sur cet objet étaient exécutés par provision nonobstant appel (même art. 5). La loi leur accordait donc la connaissance de l'exécution de leurs jugements sur un seul point. L'ancienne législation ne leur conférait pas cette attribution qu'ils ne conservèrent pas, et cependant c'était assez logique et dans l'intérêt des justiciables. L'emprisonnement ne peut être prononcé par un tribunal de commerce que pour une dette commerciale. Les contestations sur la validité de l'emprisonnement doivent donc avoir pour base l'appréciation de la dette, c'est-à-dire un fait commercial de la compétence des tribunaux de commerce. Le justiciable obligé de porter une demande semblable devant le tribunal civil est privé de la justice de ses pairs, et, en outre, obligé de subir les frais et les lenteurs de la justice ordinaire. Mais on a dit que les tribunaux de commerce ne devaient point connaître de l'exécution de leurs jugements, et on a tout fait céder à la rigueur du principe.

L'article 12, donnant à chaque tribunal de commerce, établi dans une des villes d'un district, la connaissance de toutes les affaires commerciales, dans toute l'étendue de ce district, empêchait tout conflit de juridiction entre les tribunaux de même nature; mais il ne prévoyait pas le cas où il y aurait plusieurs tribunaux de commerce dans le même district.

Enfin, l'article 14 permettait aux parties de renoncer à l'appel avant de plaider en première instance et le tribunal jugeait alors en dernier ressort. Les plaideurs ont-ils souvent invoqué ce bénéfice?...

On voit qu'en ce qui touche la compétence, les innovations et les modifications de la loi de 1790 étaient heureuses et importantes. Pourtant on ne s'était préoccupé de ce sujet qu'accessoirement en remettant à d'autres temps le soin de le régler et de l'approfondir. En attendant, il faut constater le progrès réalisé. Il faut considérer la loi de 1790 comme le monument capital de l'époque que nous traversons. A tous égards, elle était digne de notre attention.

Elle avait omis de régler, même provisoirement, l'appel des jugements des tribunaux de commerce. Tout en établissant implicitement deux degrés de juridiction, elle n'indiquait pas le tribunal d'appel. Cette lacune fut comblée par le décret des 24-30 mars 1791 qui décide que « jusqu'à ce qu'il ait été » autrement statué, les appels des jugements des » tribunaux de commerce seront portés, suivant les

» formes prescrites par les décrets sur l'ordre
» judiciaire, et de la même manière que les appels
» des jugements du tribunal de district, dans l'un
» des sept tribunaux de district d'arrondissement
» du tribunal de district dans le ressort duquel le
» tribunal de commerce est situé. »

La procédure d'appel organisée par la loi de
1790 était assez bizarre pour mériter quelques
mots d'explication. On sait le rôle important que
jouèrent les parlements pendant l'ancienne monarchie. Ce n'était point à tort qu'ils étaient qualifiés
de cours souveraines. Leurs empiétements successifs sur toutes les branches de l'administration les
avaient rendus assez redoutables pour que la royauté, même toute puissante, fût parfois obligée de capi-
tuler devant eux. Si l'Assemblée nationale leur
savait gré de leur coopération active dans la destruction de l'ancien ordre de choses, elle était
effrayée de leur force ; et, craignant de trouver un pouvoir se dressant contre sa volonté, elle
s'était hâtée de les briser. Il s'agit alors de savoir
devant quel tribunal seraient portés les différends
qu'ils jugeaient en appel. On ne voulait à aucun
prix établir de grands corps judiciaires, imposants
par le nombre et le savoir des magistrats. On alla
même jusqu'à se demander s'il y aurait deux degrés de juridiction. Malgré les sophismes qui
furent débités à l'Assemblée, celle-ci décida qu'il

y aurait deux degrés de juridiction, et voici le singulier système qui se trouvait dans la loi de 1790.

Les tribunaux de district étaient juges d'appel les uns à l'égard des autres, de manière que le second degré de juridiction n'offrait au plaideur d'autre garantie que celle d'un changement de personnel. Il ne trouvait au second degré ni un plus grand nombre de juges, ni une plus vieille expérience qu'au premier. Ce système, une fois adopté, on le faisait fonctionner de la manière suivante : d'abord, les parties pouvaient s'accorder sur le choix du tribunal d'appel et convenir de faire juger leurs différends par l'un quelconque des tribunaux de district du royaume. Si les parties ne s'entendaient pas, la marche à suivre était tracée par la loi. Le directoire de chaque district établissait un tableau des sept tribunaux les plus voisins. L'un d'eux, au moins, était choisi hors du département. Ce tableau, approuvé par l'Assemblée nationale elle-même, était public. En cas d'appel, l'appelant pouvait exclure péremptoirement, sans donner aucun motif, trois des tribunaux portés sur le tableau. L'intimé avait un droit égal; de sorte que, quand il était rigoureusement exercé par les deux parties, c'était le septième tribunal porté au tableau, et qui n'avait pu être exclus, qui jugeait l'appel. C'était très-simple quand il n'y avait que deux parties en cause et quand chacune d'elles récusait trois tribunaux ; mais lorsqu'il n'en était pas ainsi, la chose se compliquait singulièrement. Il fallait d'abord distinguer si, parmi les appelants et les intimés, plusieurs avaient les mêmes intérêts ; alors ceux-là étaient tenus de s'entendre pour proposer leurs exclusions. Si, au contraire, toutes les parties avaient des intérêts opposés en première instance, il fallait les compter. Y en avait-il trois ? chacune d'elles pouvait exclure deux tribunaux. Leur nombre était-il au-dessus de trois jusqu'à six ? chacune d'elles n'en excluait qu'un. Etait-il au-dessus de sept ? L'appelant s'adressait alors au directoire de district qui faisait un tableau supplémentaire d'autant de tribunaux de district les plus voisins qu'il y avait de parties au-dessus de six, chacune d'elles ayant le droit d'en exclure un. Voilà pour le cas où toutes les parties épuisaient les limites de leur droit : l'appel était dévolu au tribunal qui n'avait pas été récusé. Quand, au contraire, il arrivait que plusieurs tribunaux n'étaient pas exclus, le choix appartenait à la partie qui ajournait la première sur l'appel, et, en cas de concurrence de date, le choix de l'appelant était préféré.

Il fallait que les parlements eussent inspiré une terreur bien profonde à l'Assemblée constituante pour lui faire adopter un pareil système. Son erreur fut grossière. Elle ne jugea pas sainement les conséquences des principes qu'elle avait proclamés. Elle ne vit pas que les cours souveraines n'étaient plus à craindre alors que les pouvoirs législatif, exécutif et judiciaire étaient si bien déterminés que chacun d'eux était renfermé dans des limites étroites qu'il lui était impossible de franchir. Elle ne voulut pas comprendre qu'un tribunal supérieur, sans aucune attribution politique ni administrative, était un excellent régulateur de la justice. Ce singulier système, enfanté par la peur et par une passion irréfléchie de destruction, était donc mauvais. Il fut imposé aux tribunaux de commerce par le décret des 24-30 mars 1791. L'exposé que nous en avons fait suffit pour montrer ce que le commerce dut en éprouver d'embarras.

Ce décret de mars 1791 était d'autant plus malheureux, qu'il renvoyait l'appel des tribunaux de commerce devant un tribunal de district, c'est-à-dire que pour toutes les affaires sujettes à appel, le bienfait de la juridiction commerciale était anéanti sans compensations. Nous comprenons aujourd'hui, peut-être parce que nous en voyons les bons résultats, les appels portés devant un tribunal supérieur ; mais d'ici nous ne voyons pas l'avantage qu'il y avait à porter l'appel d'une cause commerciale devant les juges civils de première instance qui, dans le sein même de l'Assemblée, avaient été proclamés incapables de comprendre les affaires de cette nature. Pour être conséquente avec elle-même, l'Assemblée aurait dû renvoyer l'appel des jugements des tribunaux de commerce devant un autre tribunal consulaire. A défaut d'autres garanties, les plaideurs auraient eu celle d'être jugés par des hommes avec lesquels ils n'avaient aucun rapport, ce qui pouvait peut-être leur assurer une plus grande impartialité. Mais, malgré le nombre des tribunaux de commerce qui couvrit la France quand il suffisait d'en demander pour en avoir, il n'en existait pas dans chaque district. Le choix de l'un des sept tribunaux de commerce les plus proches pouvait entraîner des déplacements et des longueurs préjudiciables aux commerçants. On les soumit à la règle générale en matière civile ; et en rapprochant cet acte de l'Assemblée de la discussion que nous avons rapportée, on voit qu'elle décréta implicitement que les affaires qui auraient été mal jugées en première instance par un tribunal de commerce seraient encore plus mal jugées en appel par un tribunal de district.

On avait, il est vrai, ouvert aux parties le recours en cassation contre tous les jugements rendus en dernier ressort. Mais en matière commerciale, en cas de pourvoi après appel, les choses ne changeaient pas. Alors les parties se retiraient au greffe du tribunal dont le jugement avait été cassé, pour y déterminer, dans les formes prescrites à l'égard de l'appel, le nouveau tribunal devant lequel elles devaient comparaître. On ne sortait d'une impasse que pour retomber dans une autre.

Le décret de 1791, qui organisait l'appel d'une façon si malheureuse pour les tribunaux de commerce, portait qu'il n'était que provisoire. Il a cependant vécu, et ses inconvénients avec lui, jusqu'au jour où l'on n'a pas craint de ressusciter l'ombre des cours souveraines en donnant naissance aux tribunaux d'appel.

Les diverses constitutions, qui pendant dix ans se succédèrent si rapidement en France, qu'elles ne furent même pas toutes mises en pratique, n'apportèrent aucune modification sensible à l'organisation générale des tribunaux de commerce. Celle du 5 fructidor an III maintenait l'institution dans son article 214 : « Il y a des tribunaux particu-
» liers pour le commerce de terre et de mer. Leur
» pouvoir de juger en dernier ressort ne peut être
» étendu au-delà de la valeur de 500 myria-
» grammes de froment. » D'après cette consti-tution, le mode d'appel était plus simple. La loi de 1790 avait établi un tribunal civil dans chaque dis-trict. La constitution de l'an III en réduisait consi-dérablement le nombre en n'en laissant subsister

qu'un par département. Le tribunal civil était juge d'appel des jugements des juges de paix, des arbitres et des tribunaux de commerce (article 218). Les parties savaient donc d'avance devant quel tribunal serait porté leur différend et pouvaient agir en conséquence. En outre, on évitait toutes les complications inventées par la loi de 1790 pour l'exclusion des tribunaux susceptibles de juger en appel. Il ne resta que le vice grave de soumettre le différend au second degré à des juges qui offraient moins de garanties de capacité spéciale qu'au premier degré. Si la confusion demeura, quoique amoindrie, pour l'appel des jugements rendus par les tribunaux civils de département, l'article 219 de la constitution de l'an III et la loi du 17 frimaire an V, qui règlent les formes de l'appel relativement à ces tribunaux, ne sont point applicables à la juridiction consulaire.

Un décret du 19 vendémiaire an IV organisa l'administration de la justice conformément aux principes de la constitution de l'an III. L'article 15, relatif aux tribunaux de commerce de terre et de mer, maintient purement et simplement les dispositions de la loi de 1790. Il contient cependant une exception relative au mode de nommer les magistrats consulaires à Bordeaux, Lyon, Marseille et Paris. On doit procéder dans ces villes comme un décret du 4 février 1791 avait prescrit de le faire à

Paris. En raison du grand nombre des commerçants, l'élection se faisait à deux degrés. Les électeurs eux-mêmes étaient nommés par une assemblée à laquelle étaient conviés tous ceux qui avaient
la qualité de commerçants.

La constitution du 22 frimaire an VIII établit les
tribunaux d'appel, et le décret du 27 ventôse de
la même année organisa la justice sur les bases
posées par la Constitution. Ces documents n'apportèrent dans la justice commerciale aucune
autre innovation que de faire porter l'appel de ses
jugements devant les tribunaux institués à cet
effet. Les modifications successives qui devaient
amener la législation actuelle étaient ainsi accom-
plies. Nous pouvons donc arrêter ici l'histoire générale des tribunaux de commerce pendant la
période révolutionnaire, pour la reprendre dans
peu d'instants à partir de la promulgation du code
de commerce. Avant d'en arriver là, nous retour-
nerons quelque peu sur nos pas pour faire ce
que l'on pourrait appeler l'histoire épisodique de
la juridiction consulaire, en passant rapidement
en revue, par ordre chronologique, les divers documents législatifs qui, sans porter atteinte aux
principes généraux que nous avons exposés, intéressent cependant l'organisation judiciaire et celle
des tribunaux de commerce.

Nous avons dit, en terminant le précédent chapitre, que, depuis la révocation de l'édit de Nantes, tous les juges du royaume devaient être catholiques. Un des premiers actes de l'Assemblée constituante fut une œuvre de réparation et de justice. Par un décret du 24 décembre 1789, les non catholiques furent déclarés admissibles à tous les emplois civils et militaires. Ainsi furent effacées les traces que le fanatisme sanguinaire de Louis XIV avait laissées [1]. Désormais la nation put profiter des lumières et du dévouement de tous ses enfants ; les tribunaux de commerce comme les autres purent se recruter parmi tous les commerçants dignes d'y siéger, sans que la croyance fût un titre d'exclusion.

La loi de 1790, en permettant aux directoires de district de demander la création de tribunaux de commerce dans toutes les localités où leur existence serait reconnue utile, fit au commerce une latitude dont il usa largement. De nombreux décrets, parmi lesquels nous citerons ceux des 30 novembre 1790, 1er et 28 décembre 1790, 18 janvier et 17 mars 1791, ne contiennent autre chose que la nomenclature des localités qui devinrent le siége d'un tribunal de commerce. Nous mention-

---

[1] L'édit de novembre 1787, tout en améliorant la position civile des protestants, leur interdisait l'approche de toute charge de judicature et de municipalité. (*Note écrite après le concours.*)

nerons spécialement le décret des 31 décembre
1790-7 janvier 1791 qui établit des tribunaux
consulaires dans toutes les villes où il existait des
amirautés. La vieille querelle entre les deux juridictions avait donc cessé par suite de la mort de
l'une d'elles. Les attributions des amirautés furent
partagées entre diverses administrations; elles dis-
parurent sans laisser aucun vide dans l'organisation sociale. Le décret de 1791 était la conséquence forcée des dispositions législatives qui
avaient attribué aux tribunaux consulaires la connaissance du commerce de mer. Il était juste que
les armateurs et marins retrouvassent auprès d'eux
la nouvelle juridiction, à la place de celle qu'on
leur avait enlevée.

La suppression des amirautés donna temporairement aux tribunaux de commerce une compétence exceptionnelle. Un décret du 31 janvier 1793
avait autorisé les armements en course. Il fallait
régler la juridiction qui serait saisie des procès
que les prises maritimes pouvaient faire surgir.
Un décret du 14 février 1793 les attribue provisoirement aux tribunaux de commerce. Ce provisoire
dura jusqu'au 6 germinal an VIII, époque à laquelle fut créé le conseil des prises. Nous ne
voulons pas nous éloigner de notre sujet en suivant
la législation sur les prises maritimes, en recher-

chant ses motifs et ses conséquences ; mais nous devons dire, avec le rapport de Cambacérès, que les contestations qui peuvent naître des prises touchent surtout au droit public et international ; qu'il ne peut appartenir au pouvoir judiciaire d'apprécier et d'appliquer les traités entre les nations et que le pouvoir exécutif seul est compétent en pareille matière. Si les tribunaux de commerce furent temporairement saisis de ces questions, c'est qu'ils héritèrent des attributions judiciaires des amirautés. Ainsi, en constatant l'importance que le décret de 1793 accordait aux tribunaux de commerce, nous devons dire aussi que c'est à bon droit que l'arrêté du 6 germinal an VIII leur enleva des attributions qui n'étaient pas de leur compétence.

Diverses mesures organiques furent adoptées dès que l'expérience en démontra la nécessité. Ainsi, un décret des 9-10 août 1791 vint pour ainsi dire interpréter la législation d'une manière heureuse pour le commerce. La loi appelait à l'élection des juges du commerce toute personne ayant la qualité de commerçant ; et, en l'absence de stipulations précises, les juges devaient être choisis parmi les électeurs. Les négociants qui s'étaient retirés des affaires n'étaient donc pas éligibles, de sorte que la justice commerciale était privée du concours de ceux qui pouvaient lui assurer une plus grande expérience et des loisirs plus nombreux. Par le décret des 9-10 août 1791, l'Assemblée nationale, « considérant que les anciens négociants, mar- » chands, banquiers et autres désignés par la loi » d'organisation judiciaire, qui s'étaient retirés du » commerce, ne pouvaient, par le fait de cette dis- » continuation, être assujettis à prendre des pa- » tentes, décréta qu'ils étaient éligibles en qualité » de juges aux tribunaux de commerce et néan- » moins qu'ils ne pourraient être électeurs. » Disons de suite, pour n'y plus revenir, que la législation postérieure n'a pas fait cesser le doute qui résultait de la loi de 1790. La difficulté se présenta sous l'empire de l'article 620 du code de commerce qui portait seulement que tout *commerçant* pourrait être nommé juge. Elle fut résolue par un avis du Conseil d'Etat du 2 février 1808 décidant que les négociants retirés du commerce et non livrés à d'autres professions sont susceptibles d'être élus. Tel est l'état de la législation actuelle.

Il ne suffisait pas à l'administration de la justice commerciale de pouvoir appeler dans son sein tous ceux qui étaient dignes de remplir les fonctions de juges, il fallait encore que le nombre des magis- trats pût suffire aux besoins du service sans que leur dévouement à la chose publique portât préju- dice à leurs propres affaires. La loi de 1790 s'était

montrée avare en ne donnant que cinq juges à chaque tribunal. L'édit de 1563 avait été trop généreux en permettant aux juges-consuls de s'adjoindre des suppléants agréés par les parties. La loi, comme l'édit, était défectueuse. Si la loi, en n'autorisant pas l'adjonction de suppléants, était suffisante pour certaines localités, dans les plus importantes, elle surchargeait les juges. L'édit, au contraire, péchait par une trop grande latitude en souffrant que les juges pussent se décharger, à peu près quand bon leur semblait, du soin de juger sur des commerçants qui n'étaient choisis que d'une façon tout-à-fait éphémère. L'Assemblée législative compléta l'œuvre de la constituante par un décret des 10-16 juillet 1792. « Considérant que plusieurs
» tribunaux de commerce se trouvent journelle-
» ment dans l'impossibilité de remplir l'objet de
» leur établissement par les cas d'absence ou récu-
» sation de plusieurs juges, le décret des 16-24
» août 1790, relatif à leur formation, ne les ayant
» pas autorisés à se nommer des suppléants, décrète
» que dans toutes les villes du royaume où il y a
» des tribunaux de commerce, il pourra être nom-
» mé quatre suppléants, en se conformant, pour
» leur nomination, aux formalités prescrites pour
» l'élection des juges desdits tribunaux de com-
» merce. »

En vertu de ce décret, chaque tribunal de com-

merce devait donc être composé de neuf juges ;
mais ils n'étaient pas de trop, même dans les plus
petites localités, par suite du droit de récusation accordé aux parties. En effet, on pouvait
toujours récuser un ou plusieurs juges pour des
causes légitimes ; bien mieux, chaque partie pouvait récuser un juge, *péremptoirement*, sans donner aucun motif, de telle sorte qu'il arrivait que
le tribunal ne fût plus en nombre pour juger.
Alors la loi permettait aux juges non récusés
d'appeler des négociants ou armateurs pour les
compléter. Il se trouvait même que des récusa-
tions péremptoires exercées par un grand nombre
de parties en cause éloignaient tous les juges de
leurs siéges. Dans ce cas, l'affaire était portée devant le tribunal de même ordre le plus voisin, sans
qu'il fût possible d'y récuser personne. (Décret du
23 vendémiaire an IV).

En présence de cette complication, comme en
présence du système d'appel, on ne peut s'empêcher de convenir que l'application des décrets des
assemblées de la Révolution conduisait à la néga-
tion de toute justice. La crainte de donner une
puissance quelconque aux magistrats était si forte,
qu'on arrivait, par des moyens indirects, à leur
enlever même le pouvoir de juger. Tel est l'effet
général des réactions, qu'en voulant détruire les
abus, elles en créent de nouveaux. La chicane et

la mauvaise foi durent pouvoir user largement des facilités que leur donnait la loi de mettre les juges en suspicion.

Les faits qui nous restent à examiner sont peu nombreux et peu importants. Nous nous bornerons à énumérer quelques documents. Ainsi, un décret des 4-8 nivôse an II déclare propriétés nationales les biens appartenant aux anciens tribunaux consulaires. Ils n'avaient pas besoin d'être riches; mais il était indispensable qu'ils eussent des fonds pour subvenir aux dépenses de leurs audiences. C'est ce à quoi pourvut un décret du deuxième jour complémentaire an III.

Un décret du 24 vendémiaire an III, relatif aux incompatibilités administratives et judiciaires déterminait quelles étaient les fonctions incompatibles avec celles des magistrats consulaires. Ils ne pouvaient être membres des directoires de département ou de district, officiers municipaux, etc. Ils ne pouvaient exercer d'autre magistrature.

Une loi du 3 nivôse an III autorisa les tribunaux de commerce saisis d'une contestation en augmentation de fret, toutes les fois qu'ils ne se trouveraient pas suffisamment éclairés, à nommer d'office cinq ou sept commerçants les plus expérimentés du port dans les opérations maritimes, pour faire arbitrer définitivement et sans appel ni recours quelconque le point ligitieux. Cette loi, qui a un caractère général fut rendue dans une circonstance toute particulière. Le tribunal de commerce de Bordeaux, saisi d'une contestation en augmentation de fret, l'avait renvoyée devant neuf négociants pour arbitrer le prix du fret. Les arbitres rendirent une décision qui ne satisfit aucune des parties. Elles contestèrent au tribunal le droit de renvoyer ces sortes de difficultés devant des arbitres. Le tribunal soumit la question à la Convention, qui rendit le décret que nous venons de transcrire.

La loi du 21 fructidor an IV qui décidait que les tribunaux de commerce n'auraient pas de vacances n'est plus en vigueur. Mais de pareils documents sont d'un minime intérêt pour l'histoire; ils ne méritent pas de nous arrêter plus longtemps.

Les années que nous venons de traverser sont considérées avec grande raison comme la période de transformation de tout notre ordre social. C'est alors qu'on a brisé violemment les institutions de l'ancien régime pour les remplacer par d'autres complètement opposées. Cependant l'œuvre de la Révolution n'est point restée complète, et, à l'exception des principes qui ont conservé toute leur vitalité, à l'exception de quelques parties dans lesquelles la perfection avait été atteinte du premier

coup, on a modifié sans cesse, amélioré quelquefois l'héritage qu'elle nous a laissé; si bien que
l'ordre de choses actuel, quoique reposant sur
les idées de 1789, ne ressemble pas à ce qui a
existé de 1789 à l'an VIII. En ce qui touche l'histoire des tribunaux de commerce, l'appréciation
de cette période ne doit pas être la même que celle
de l'histoire générale. La Révolution n'a pas anéanti
l'ancienne institution des juges-consuls. Elle l'a
précieusement conservée et améliorée. Elle n'est
donc pas une époque de transformation pour les
tribunaux de commerce. Ils s'élèvent encore sur les
assises posées en 1563. Toutefois, nous avons pu
constater quelques changements qui n'altéraient
pas l'institution. Nous lui avons vu prendre, sous
plus d'un rapport, une extension considérable.
Aussi faut-il dire que ce fut une époque de développement plutôt que de transformation pour les
tribunaux de commerce. Si tout ce qu'elle a fait
pour eux n'est pas resté, il n'en est pas moins vrai
que le législateur moderne a conservé toutes les
véritables améliorations qui s'étaient produites et
que les perfectionnements qu'il a introduits dans
cette matière ne sont que les conséquences de
l'œuvre générale de la Révolution.

CHAPITRE V.

LORSQUE le code de commerce fut promulgué, la justice consulaire vivait sous l'empire de deux lois bien différentes quant à leur origine. L'organisation des tribunaux de commerce avait été appropriée aux idées nouvelles par la loi de 1790, laquelle, presque muette sur la compétence, laissait subsister les plus sages dispositions de l'ordonnance de 1673. Le code de commerce vint donner à la France un corps de lois commerciales complet. C'est le document principal de la législation moderne. Il doit nous préoccuper d'autant plus, que, sauf une modification temporaire apportée par la révolution de 1848, il est resté la loi en vigueur. Ses dispositions sont connues de tout le monde. On sait que le législateur reprit l'œuvre dans son entier, faisant de nombreux emprunts aux législations précédentes. Il n'est plus besoin de fouiller dans les documents antérieurs pour trouver la solution qu'on cherche. C'est un édifice tout nouveau construit avec des matériaux anciens et disposé de la façon la plus commode.

Ainsi le livre IV est divisé en quatre titres : le premier traite de l'organisation des tribunaux de commerce; le second, de leur compétence; le troisième, de la procédure en première instance; le quatrième, de la procédure en appel. Les deux premiers nous occuperont surtout.

Le premier article du livre IV se trouve être l'article 615 du code de commerce; et, pour plus de clarté, nous adopterons cette dernière numération. Il décide qu'un règlement d'administration publique « déterminera le nombre des tribunaux de » commerce et les villes qui sont susceptibles d'en » recevoir par l'étendue de leur commerce et de » leur industrie. » La méthode inaugurée par l'Assemblée constituante est abandonnée pour revenir à celle indiquée par l'ordonnance de 1579 et suivie sous l'ancienne monarchie. En exécution de cet article fut rendu un décret du 6 octobre 1809 auquel était annexé le tableau des villes qui devaient avoir une juridiction consulaire. Elles étaient au nombre de deux cent quarante-quatre; mais alors la France comptait des territoires qu'elle a perdus depuis. A la suite des démembrements imposés par l'étranger à la Restauration, il resta environ deux cent vingt tribunaux de commerce.

Quelques-uns ont été supprimés ; il en a été créé de nouveaux ; il y a eu une certaine fluctuation que nous ne voulons pas suivre : on en compte deux cent dix-neuf. C'est peut-être un peu trop ; on a conservé trop scrupuleusement l'héritage de la période précédente. Des tribunaux qui ne jugent pas vingt-cinq affaires par an, ceux mêmes qui n'en jugent que cent, seraient supprimés sans inconvénient, et pour deux raisons : la première, c'est que dans une ville qui ne fournit pas cent affaires, il n'y a qu'un trafic excessivement restreint ; la seconde, c'est que des juges capables sont difficiles à rencontrer. Il n'est donc pas besoin d'une justice purement commerciale et il y a bien des chances pour que celle qui existe se montre insuffisante. On pourrait supprimer au moins vingt tribunaux de commerce.

L'article 616 donne à chaque tribunal de commerce le même arrondissement que celui du tribunal civil dans le ressort duquel il est situé. Nous savons que l'ordonnance de Blois avait implicitement déterminé l'étendue des ressorts des siéges de juges-consuls ; qu'une déclaration de 1759 était revenue plus explicitement sur les dispositions souvent éludées de l'ordonnance ; qu'il résulte de ces documents que le ressort du tribunal consulaire était le même que celui du juge ordinaire de même degré. Les bailliages, les sénéchaussées, les présidiaux, les districts eux-mêmes ont disparu. Le législateur, dans notre article, détermine le ressort de chaque tribunal de commerce en se conformant aux principes de ses prédécesseurs; mais en les appropriant à la nouvelle division territoriale. Il le fait d'une manière si précise que les empiétements d'un tribunal sur un autre ne sont plus possibles. S'il se trouve plusieurs tribunaux de commerce dans le ressort d'un seul tribunal civil, un règlement d'administration publique leur assigne des arrondissements particuliers. Cette disposition comble la lacune que nous avons remarquée à cet égard dans la loi de 1790.

Dans l'article 617, le législateur, profitant de l'expérience acquise et jugeant insuffisante la législation intermédiaire qui fixait invariablement à cinq juges et quatre suppléants le nombre des magistrats dans tous les tribunaux, s'efforce de mettre ce nombre en proportion avec l'inégalité des arrondissements. C'est un règlement d'administration publique qui doit fixer le nombre des juges et des suppléants. Toutefois, il doit y avoir dans chaque tribunal au moins un président et deux juges; il ne peut s'en trouver plus de huit, non compris le président. Le nombre des suppléants doit être proportionné aux besoins du service. Ce système est plus logique que celui qu'un esprit d'inflexible unité avait fait adopter à l'Assemblée nationale. L'expérience démontra pourtant que le maximum de huit juges n'était pas toujours suffisant. L'article 5 de la loi du 3 mars 1840 le porta à quatorze.

Les articles 618 à 621 s'occupent de l'élection. Momentanément abrogés par le décret du 28 août 1848, ils ont été remis en vigueur par le décret du 2 mars 1852. Nous touchons à l'une des questions brûlantes de la matière; à celle, peut-être, qui a donné lieu aux discussions les plus animées, aux projets les plus nombreux. C'est que, malheureusement, une idée politique est toujours venue mêler son influence à une question purement commerciale; c'est que chaque système peut avoir des abus; c'est qu'on n'a pu en trouver un seul qui fût exempt d'inconvénients.

Nous avons dit comment se recrutaient les juges sous l'ancienne monarchie et comment l'Assemblée constituante remplaça par le suffrage universel le mode d'élection par les notables. Cette matière si délicate a continué à ressentir le contre-coup immédiat des modifications politiques apportées dans nos institutions par les divers gouvernements qui se sont succédé. En 1807, on revint à la liste des notables; mais avec de tels changements que l'ancien système était complètement dénaturé et que l'élection se trouvait, en définitive, dans les mains de l'administration au lieu de se trouver dans celles du commerce. Les mêmes causes produisant les mêmes effets, la république de 1848 restaura le suffrage universel. Enfin, le décret du 2 mars 1852 remit en vigueur les dispositions du code de commerce de 1807.

Deux systèmes sont donc en présence : le suffrage universel et la liste des notables. Avant d'avouer nos préférences, hâtons-nous de dire que, dans la pratique, ils ont eu tous deux le même résultat, que chacun d'eux a donné à la juridiction commerciale d'excellents magistrats ; qu'avec l'un comme avec l'autre, la justice consulaire a présenté un modèle de sagesse et d'équité. La discussion est donc purement théorique. Elle n'a d'autre but actuel que de montrer les abus que chaque système pourrait présenter si le passé n'était pas le garant de l'avenir.

Quelque partisan que l'on soit du suffrage universel, il faut convenir qu'il n'est pas applicable en toutes matières. Pour l'élection des juges consulaires, notamment, il est au moins inutile, sinon dangereux. On dirait vainement que chaque commerçant doit avoir les mêmes droits, quelle que soit l'étendue de ses affaires, et que la liste des notables constitue un privilége en faveur de la fortune. Il faut, dans une matière aussi pratique que le commerce, faire fléchir les théories absolues devant la vérité des faits, devant l'intérêt général et l'intérêt bien entendu de chacun. Or, il est certain que, même aujourd'hui, nombre de personnes ayant qualité de négociants, payant patente pour faire un petit commerce de détail, n'ont pas les qualités intellectuelles nécessaires pour apprécier sainement la nomination d'un juge. Il reste donc une porte ouverte aux influences, bonnes ou mauvaises, sur la plus grande partie des électeurs qui voteront, guidés par l'exemple ou la passion, plutôt que par une conviction éclairée. Veut-on qu'ils aient le moyen de se faire représenter dans le tribunal? C'est faire une injure gratuite à la justice qui ne connaît ni petits ni grands. On n'a d'ailleurs pas d'exemple que les tribunaux consulaires aient méconnu les droits ni même les intérêts de leurs justiciables. En second lieu, s'il était possible de faire arriver au siége consulaire un petit trafiquant, ce serait un malheur pour lui et pour le commerce. Pour lui, parce qu'il a assez de ses propres affaires, dans lesquelles il n'a pas le moyen de se faire aider, pour occuper tous ses instants. S'il était juge, il serait forcé de les négliger. Pour le commerce, parce qu'il est évident qu'un tel juge n'aura pas les connaissances voulues pour comprendre les questions difficiles qui se présenteront devant lui. Un mode d'élection qui rend possible un pareil résultat est donc mauvais, puisqu'il peut mettre en péril les intérêts privés et ceux de la justice.

Si la liste des notables n'est pas aussi logique, en démocratie, que le suffrage universel, elle n'en offre pas les inconvénients et, d'ailleurs, en théorie, elle peut parfaitement se justifier. Les intérêts de tous les commerçants sont solidaires. Il n'en est point ici comme en politique parce que les différentes classes de la société ont des intérêts divergents, les différents partis des aspirations et des passions diverses. Il n'y a ni classes ni partis, ni passions en justice. Dès lors, si les intérêts sont les mêmes, il n'y a aucun inconvénient à laisser exercer les droits qui en dérivent par quelques personnes les mieux à même de les comprendre. Il faut une bonne justice, par conséquent de bons juges. Pour les choisir, le banquier, le manufacturier ou l'armateur représentera parfaitement le petit commerçant. En faisant un bon choix, il fera sa propre affaire et celle de tout le monde. Il n'y a donc aucun danger à laisser le premier exercer les droits du second, puisque l'exercice de ces droits n'a qu'un but, assurer à la justice un digne interprète et que ce résultat, dont tous deux profitent également, sera plus sûrement obtenu par le premier que par le second. Avec la liste des notables, les intérêts de tous sont donc sauvegardés, la dignité de la justice n'est pas exposée aux hasards des passions, la sécurité des justiciables est complète.

On insiste cependant. Quelques personnes se plaignent avec une grande vivacité du mode d'élection actuel. Elles prétendent qu'avec ce système, les juges sont nommés par une véritable oligarchie commerciale. Il faut convenir avec elles que bien peu des notables inscrits sur la liste se rendent au scrutin. Mais il ne faut pas rendre les institutions responsables des fautes de ceux qui sont appelés à en profiter. Si les électeurs négligent d'exercer leurs droits, ils sont coupables ; ce n'est pas la loi qui est défectueuse. Dès que cette loi est une sauvegarde suffisante pour les intérêts publics, on ne peut dire qu'elle est mauvaise parce qu'elle est mise en oubli par ceux qui ont intérêt à l'observer. En serait-il autrement avec le suffrage universel? Il est à craindre que non. Ce que nous voyons en matière politique nous prouve que l'indifférence remplace vite l'ardeur des premiers jours. Du reste, l'expérience a été faite à deux reprises. En 1791, on reconnut que le suffrage universel direct était impossible dans les grandes villes. On créa une élection à deux degrés qui amène à la liste des notables. Ceux qui sont nommés électeurs ne sont rien autre chose que des notables choisis par leurs collègues. En 1848 l'expérience a été faite sur des bases plus larges. Nous n'avons point souvenance que le personnel des tribunaux ait été démocratisé ; et la plupart des nouveaux électeurs ont montré la plus grande indifférence pour l'exercice de leurs droits. Mais si en 1848 on n'a pas fait un mauvais usage du suffrage universel, cela ne lui enlève pas ses inconvénients. Or, il est certain qu'il offre des dangers sérieux dans l'application.

Est-ce à dire que le système actuel soit excellent? Loin de nous une pareille pensée, et en affirmant notre préférence pour la liste des notables, nous devons dire que la manière dont elle est dressée nous semble aussi mauvaise que possible. Laisser au préfet le soin de choisir les notables, c'est tirer les conséquences les plus fausses du meilleur principe; c'est faire intervenir l'administration dans une matière où sa présence est au moins inutile. Nous ne voyons pas d'inconvénients à ce que le commerce administre lui-même ses propres affaires. Nous ne craignons pas d'en faire un état dans l'État, parce que, par intérêt et par nécessité, il est le plus ferme appui des principes d'ordre, de paix et de civilisation. Il serait fâcheux qu'un détail de ces institutions pût faire penser à la pression d'un parti politique quelconque. S'il pouvait en être ainsi, la liste des notables n'offrirait pas plus de garanties que le suffrage universel; l'influence serait seulement déplacée. Cette immixtion du préfet est fâcheuse dans les élections commerciales; c'est elle surtout qui a soulevé les plus vives récriminations contre les élections commerciales parce que c'est elle qui a engendré les seuls abus que le système produise. En 1827, à une époque où le gouvernement modifiait arbitrairement la cote des contributions pour avoir des électeurs de son choix [1], les préfets ne se firent pas faute d'employer la liste des notables à servir leurs rancunes ou leurs sympathies. On était notable quand on *pensait bien*, et les chefs des maisons les plus anciennes et les plus recommandables par la probité, l'esprit d'ordre et d'économie, qui, suivant les belles expressions de la loi, devaient composer l'assemblée électorale, en étaient exclus s'ils étaient soupçonnés de libéralisme. Voilà des abus monstrueux qui ont été signalés à la France du haut de la tribune de ses représentants, sans qu'aucune voix s'élevât pour démentir une si grave accusation [2]. Leur existence incontestée suffirait pour faire répudier le système qui a pu les produire. Ils ne se sont pas renouvelés depuis l'avènement du gouvernement de Juillet, c'est vrai, mais qui serait assez hardi pour assurer qu'ils ne se renouvelleront jamais? En tout cas,

[1] V. Vaulabelle. *Histoire des deux restaurations*, édition de Perrotin, 1860, t. vii, ch. 1.

[2] Séance de la Chambre des députés du 22 janvier 1840, V. surtout le discours de M. Stourm. (*Moniteur* du 24 janvier 1840, p. 163.)

on peut en signaler d'autres, d'une nature toute
différente, qui se produisent journellement et nécessairement. Le préfet qui fait les notables n'est
pas commerçant, souvent même il ne connaît que
d'une manière très-superficielle les négociants
du département qu'il administre, quand il peut
les connaître tous. Son ignorance involontaire,
mais forcée, peut donc faire sortir de ses mains
une liste sur laquelle on voit figurer des faillis
non réhabilités, tout au moins des noms que des
négociants honnêtes rougissent de voir auprès
des leurs. Cet abus existe... Nous en avons été
témoin ; nous avons pu voir aussi le mauvais
effet que ces choses produisaient sur une grande
place de commerce et la déconsidération qui enta-
chait la liste des notables.

Ainsi, d'une part et en principe, c'est une
mauvaise chose de mêler le pouvoir administratif
aux élections commerciales; d'autre part, en fait,
l'immixtion du préfet a produit jadis des abus ré-
voltants et occasionne journellement des méprises
regrettables. On peut donc dire, sans crainte d'être
démenti, que le système de la liste des notables
est mauvais, parce qu'il est mal appliqué. Comment faire pour qu'il produise les résultats irré-
prochables qu'on est en droit d'en attendre?

Cette question n'est pas nouvelle. Sous le gouvernement de Juillet elle a été soulevée à plu-

sieurs reprises et les critiques les plus vives se sont élevées contre la méthode que nous combattons. L'article 619 du code de commerce aurait vu sa dernière heure si des convenances parlementaires ne l'avaient préservé du naufrage. En 1834, M. Ganneron proposa à la Chambre des Députés de modifier l'article 619 et de faire dresser la liste des notables par une commission composée des délégués du tribunal et de la chambre de commerce, de la chambre consultative des arts et manufactures et du conseil municipal. Cette proposition fut discutée le 25 janvier 1835. Elle eût probablement été adoptée sans les incidents habituels du régime parlementaire. M. Persil, alors garde des sceaux, avait, lui aussi, en portefeuille, sa réforme de la justice, et, dans son projet, il se gardait bien de toucher à l'article 619. Si la Chambre avait adopté l'idée de M. Ganneron, le plan de M. Persil se trouvait nécessairement modifié. Aussi, on fit comprendre à la Chambre qu'adopter la proposition de M. Ganneron ce serait préjuger le projet ministériel et la Chambre ajourna la discussion. Le but était atteint. En effet, la justice ne fut point réformée. Du projet de M. Persil on tira trois lois différentes, dont l'une relative aux tribunaux de commerce. Cette loi avait deux parties importantes : l'une élevait le taux de la compétence en dernier ressort de 1,000 à 1,500 fr., l'autre répondait à la fameuse question de la liste des notables. Dans le nouveau système, les dispositions de l'article 619 étaient maintenues en ce qu'elles avaient d'essentiel ; seulement, le préfet était obligé, avant de dresser sa liste, de consulter les Chambres et le tribunal de commerce, ainsi que le maire de la ville où siégeait le tribunal et ceux des villes au-dessus de 4,000 âmes comprises dans l'arrondissement. Le préfet, obligé de consulter ces autorités, n'était point tenu de suivre leurs avis; cependant le projet valait déjà mieux que la loi en vigueur, et si cette méthode était employée, les inconvénients que nous signalions tout à l'heure ne se présenteraient pas, parce que le préfet, bien renseigné, ne laisserait sur la liste que des noms sans tache. Mais le projet fut promené de l'une à l'autre Chambre, discuté et rediscuté. On s'entendait parfaitement pour constater le mal, mais chacun voulait le guérir à sa manière. Si bien que l'article 619 sortit sain et sauf de la discussion quand personne ne voulait le conserver. Le progrès ne fut pas réalisé, « faute de s'entendre. » Ce ne fut pas la seule fois.

Les projets n'avaient pourtant pas manqué ! M. Merilhou demandait que les notables commerçants ne fussent autres que les électeurs politiques les plus fortement patentés. M. Corne voulait le suffrage universel avec une élection à deux degrés. M. Stourm faisait dresser la liste des notables par le Conseil général du département. M. Charamaule appelait à l'élection les négociants qui payaient la plus forte patente. M. Lebœuf obligeait le préfet à choisir les notables sur des listes qui lui seraient remises séparément par le tribunal, les Chambres de commerce et les maires des villes au-dessus de 4,000 âmes. M. de Saint-Albin ajoutait que, dans ce cas, les noms qui se trouveraient sur toutes les listes seraient de droit sur celle du préfet. M. Delacroix faisait intervenir le conseil de préfecture... Quel chaos! Et le rapporteur de la Commission ou le ministre furent obligés de réfuter l'une après l'autre chacune de ces extravagances! Heureusement que, toutes péchant par un vice radical, il suffisait de peu de mots et de peu de temps pour les anéantir.

Dans cette discussion, le système de M. Ganneron ne fut pas proposé de nouveau et pourtant il était le seul raisonnable. Disons mieux... nous le croyons de beaucoup préférable à celui du code. On y fait deux objections principales : l'une de principe, l'autre de fait. On arrive, dit-on, d'après ce mode, à faire choisir l'électeur par l'élu, ce qui est mauvais; en second lieu, on favorise l'esprit de coterie, si redoutable dans les petites villes. On a bien dit aussi, dans la discussion, que le système du code de 1807 n'ayant donné lieu qu'à très-peu de réclamations pendant trente ans, c'est qu'il était bon. Nous pourrions dire que celui de 1563 était encore meilleur, puisqu'il a vécu deux siècles et demi sans soulever aucune critique. L'argument de durée est puéril; les autres sont plus sérieux. Nous y répondons en disant que la première objection aurait sa valeur si, comme d'après l'édit de 1563, on faisait dresser la liste des notables par le tribunal seul; mais elle disparaît quand plusieurs éléments viennent concourir à la formation de cette liste. Nul doute que l'élément commercial sera en majorité, puisque le tribunal, la Chambre de commerce, celle des arts et manufactures émanent exclusivement du commerce; mais nous n'y voyons pas grand mal, puisque les commerçants sont seuls à même de connaître parfaitement leurs collègues. D'ailleurs, l'élément municipal viendrait atténuer ce que la représentation du commerce aurait de trop exclusif. Il est du moins certain qu'une liste qui sortirait des mains d'une telle commission ne contiendrait que des noms honorables. Les effets de l'ignorance administrative, à plus forte raison ceux de ses sympathies ou de ses antipathies, ne seraient plus à craindre. On aurait donc les garanties les plus sérieuses contre les abus d'autrefois et les erreurs d'aujourd'hui.

Mais, dit-on, dans les petites villes, c'est l'esprit

de coterie qui déterminera la confection des listes!... Le mal sera moins grand que lorsqu'il présidera à l'élection elle-même, et la loi actuelle lui donne pleine carrière. En effet, les électeurs nommés par le préfet sont parfaitement libres dans leurs choix; mais personne n'ignore comment les choses se passent. Tout le monde sait de quelle manière les candidats sont désignés. La liste des juges qui doivent compléter le tribunal est dressée par le tribunal lui-même et soumise ensuite aux notables qui n'ont autre chose à faire que de l'approuver par leurs suffrages. Bien plus! le préfet ne convoque les notables qu'alors que ceux qui doivent être élus ont accepté leur élection. Assurément, si l'esprit de coterie est à craindre, c'est dans cet usage où sont les tribunaux de commerce de désigner leurs successeurs. Cependant le commerce ne se plaint pas de cette manière de procéder. Elle n'a point fait de mauvais juges, parce que ceux qui quittent leur siège après l'avoir honoré de leur sagesse sont soucieux de se choisir des successeurs dignes de les remplacer. L'esprit de coterie dans la confection de la liste des notables à laquelle participeraient les corps que nous avons indiqués, serait donc moins à craindre que dans l'élection des juges telle qu'on la pratique sous l'empire de la loi actuelle. On pourrait en atténuer les effets en augmentant le nombre des notables de telle sorte que la vérité seule pût sortir du scrutin [1]. On pourrait, en outre, faire approuver la liste par le ministre du commerce, mais nous ne voudrions arriver à une pareille extrémité que si l'expérience démontrait que les craintes manifestées lors de la discussion de la loi de 1840 ne sont pas chimériques.

Il se manifeste aujourd'hui une tendance, dont on semble vouloir tenir grand compte dans les plus hautes sphères du gouvernement, à voir « diminuer les entraves qui s'opposent depuis si » longtemps en France à la libre expansion de » l'initiative individuelle. » On voudrait habituer le pays à faire lui-même ses affaires, « sans comp- » ter toujours sur l'intervention du gouverne- » ment [2]. » Ces pensées sont belles et grandes, dignes de la nation qui les conçoit et du souverain qui les exprime. Ne trouvons-nous pas ici une occasion de les appliquer en faisant disparaître absolument l'intervention de l'administration dans les élections des tribunaux de commerce et en les laissant à l'initiative individuelle?

[1] Dans les villes qui ont plus de vingt-cinq mille âmes de population on augmente le nombre des notables d'un par mille âmes. Au lieu de prendre la population entière de la ville pour base de l'augmentation du nombre des électeurs, il serait peut-être préférable, en tout cas plus rationnel, de s'attacher à la population commerciale et d'augmenter le nombre des électeurs en raison de celui des négociants patentés, dans telle proportion qu'on jugerait convenable. (*Note écrite après le concours.*)

[2] Discours de l'Empereur à l'ouverture de la session législative de 1865.

Si l'article 619 doit être complètement réformé dans sa partie la plus importante, ceux qui le suivent sont empreints de sagesse. Les juges et suppléants doivent avoir trente ans et exercer le commerce avec honneur et dignité depuis cinq ans. Le président doit être âgé de quarante ans et ne peut être choisi que parmi les anciens juges[1]. Cette condition d'éligibilité pour le président est préférable aux dix ans de pratique commerciale qu'exigeait la loi de 1790. Rappelons qu'aux termes d'un avis du Conseil d'Etat du 2 février 1808, les anciens négociants sont éligibles.

Les articles 622 et 623 fixent la durée des fonctions des juges. Le renouvellement du tribunal doit se faire par moitié tous les ans, comme sous l'empire de la déclaration de 1728 dont les dispositions furent conservées par la loi de 1790. Les juges doivent rester deux ans en charge. Les prescriptions du code de 1807, qui ne permettaient la réélection qu'après une année d'intervalle, ont été modifiées par l'article 3 de la loi du 3 mars 1840 d'après lequel la réélection est possible après une magistrature de deux années, mais qui exige, lui aussi, une

---

[1] Les conditions d'âge et d'aptitude exigées des magistrats consulaires ont été successivement modifiées par les textes législatifs que nous avons déjà cités : Arrêt du Conseil du 9 septembre 1773, les juges devaient avoir vingt-sept ans, le président quarante. — Loi de 1790 : Les juges devaient avoir trente ans et faire le commerce depuis cinq ans ; le président quarante ans et faire le commerce depuis dix ans.

année d'intervalle avant une seconde réélection.
Les fonctions honorifiques doivent être temporaires
parce qu'on ne peut obliger ceux qui en sont revê-
tus à sacrifier indéfiniment leurs propres affaires
aux intérêts généraux. D'autre part, il a toujours
été dans l'esprit du législateur de ne créer, pour
ainsi dire, que des magistrats de passage au tribunal de commerce. Il n'a pas voulu leur donner une
importance trop grande. Il a craint que des juges
qui pourraient rester indéfiniment en charge n'a-
bandonnassent le commerce et ne fussent un obstacle à la légitime ambition de ceux qui voudraient
monter à leur tour sur le siége consulaire. Il n'a
pas voulu que, par convenance, ou pour sauvegarder l'amour-propre de leurs collègues, les commerçants se croient obligés de réélire indéfiniment des
médiocrités qui peuvent se révéler dans l'exercice
des fonctions judiciaires. Ces idées parfaitement rai-
sonnables étant admises, il ne restait plus qu'à
fixer la durée de la magistrature. Sous l'ancienne
monarchie elle était d'une année; en 1790 et en
1807 elle fut de deux ans; en 1840 on permit une
réélection immédiate pour deux autres années.
Nous voyons ainsi la législation accomplir un progrès à chaque pas qu'elle fait. S'il ne faut pas qu'un
commerçant puisse s'éterniser sur un siége consulaire, du moins faut-il qu'il puisse y rendre des
services. Il est incontestable qu'à son entrée en

charge, tout est nouveau pour lui et qu'il a une éducation complète à faire. De l'aveu des magistrats eux-mêmes, ils quittent le tribunal à l'instant où ils commencent réellement à remplir leurs fonctions. On pourrait donc dire qu'une période de quatre ans n'est pas encore suffisante pour avoir de bons juges, et la loi permettrait deux réélections successives que la justice serait encore mieux rendue ; mais cela nous semble inutile en présence de la facilité qu'on a de pouvoir faire rentrer d'anciens juges après un intervalle d'une année. De cette façon on a un tribunal bien suffisant. Cela, au reste, importe peu. Dès que le juge n'est pas toujours rééligible, le veu principal de la loi est accompli. Le reste est de pure forme.

« Tout membre élu en remplacement d'un autre » par suite de décès ou de toute autre cause, ne » doit demeurer en exercice que pendant la durée » du mandat confié à son prédécesseur. » Ce dernier paragraphe de l'article 623 est une addition faite par la loi de 1840 au code de 1807. Elle a pour but de maintenir la plus parfaite régularité dans le renouvellement des tribunaux de commerce et de faire cesser la controverse qui existait sur ce point sous l'empire du code, quelques personnes ayant prétendu que tout magistrat élu l'était pour une période fixe d'une ou deux années, quel que soit le moment de l'élection.

L'article 624 est relatif aux greffiers et aux huissiers; l'article 625 aux gardes de commerce de Paris. Ils intéressent peu l'histoire.

Aux termes de l'article 626, les jugements doivent être rendus par trois juges au moins; aucun suppléant ne peut être appelé que pour compléter ce nombre. Jusqu'à la promulgation du code, les tribunaux de commerce étaient dans l'habitude d'appeler des suppléants, même lorsque les juges étaient réunis au nombre de trois. Les anciennes lois n'étaient point contraires à cet usage. L'édit de 1563, les déclarations du 15 décembre 1722 et 26 juin 1723 permettaient aux juges-consuls, lors même qu'ils étaient en nombre pour juger, d'appeler tels anciens juges ou consuls qu'ils jugeraient à propos pour les aider à rendre la justice. La Cour de Cassation n'admettait pas que ces anciens textes aient été abrogés par la loi de 1790 et les lois postérieures. Le législateur de 1807 voulut les abroger formellement. Il était imbu de cette idée, assurément fausse, que les suppléants n'étaient appelés que par intrigue pour faire triompher l'une des parties [1]. C'est ce motif qui a fait arrêter la rédaction de l'art. 626. Nous ne croyons pas à l'intrigue en pareil cas. Dans la pratique, les juges-suppléants rendent les mêmes services que les juges, avec la

____

[1] V. la discussion de l'article au Conseil d'État.

même loyauté et la même équité. Nous repoussons énergiquement les appréhensions du Conseil d'État; mais il n'en est pas moins vrai que, conformément à l'esprit de leur institution, les suppléants ne doivent être appelés à rendre la justice qu'à défaut de juges. Lorsque ceux-ci sont au nombre de trois, les autres sont inutiles à la délibération. C'est donc seulement dans la chambre de conseil que l'article trouve son application, car rien n'empêche les juges-suppléants d'écouter les plaidoiries. La chambre de conseil étant fermée aux parties, la délibé-ration étant secrète, comment pourra-t-on cons-tater que la loi a été observée ou violée? — La jurisprudence trouve une présomption dans le ju-gement lui-même qui doit contenir le nom des juges qui tenaient l'audience. Si donc le jugement mentionne la présence de trois juges et d'un sup-pléant, il y a présomption que le juge suppléant n'a pas participé au jugement.

La précision des termes de la loi et l'interpréta-tion que leur donne la jurisprudence font naître des doutes pour un cas qui a probablement échappé aux rédacteurs de l'article 626. S'il s'agit d'une contestation relative à une faillite, le juge com-missaire est rapporteur et, de plus, a nécessaire-ment voix délibérative [1]. Que décider quand le juge

---

[1] V. Dalloz, *Répertoire général alphabétique.* V° faillite, N° 349.

commissaire sera un juge-suppléant et quand il y aura trois juges au moins à prendre part au jugement? Il faudra donc que plusieurs juges s'abstiennent pour laisser leur place au juge-suppléant ou que la mention de la présence des juges ne soit pas l'expression de la vérité. Pour mettre la loi et la pratique d'accord, il faudrait régulariser cette situation en permettant au juge-suppléant, commissaire d'une faillite, de délibérer malgré la présence d'un nombre de juges suffisant pour former une décision judiciaire.

Le législateur de 1848 avait singulièrement compliqué cet article. On dressait alors, par voie de scrutin secret, dans la chambre du conseil, un tableau des suppléants. Celui qui obtenait le plus de suffrages était le premier et on devait les appeler dans l'ordre du tableau. Puis, en cas d'insuffisance de juges, il était permis au tribunal d'appeler des particuliers, pourvu qu'il y eût au moins un juge ou un suppléant sur le siége. A cet effet une liste était dressée tous les ans par le tribunal, sur laquelle on portait les noms d'un certain nombre d'éligibles du ressort, et quand il était besoin de juges complémentaires, on les appelait dans l'ordre fixé par un tirage au sort fait par le président du tribunal. Quelque compliqué que fût ce mode d'élection des juges complémentaires, il offrait peut-être plus de garanties d'une bonne justice que celui qui se pratique aujourd'hui. Aux termes d'un décret du 6 octobre 1809, remis en vigueur par celui du 2 mars 1852, lorsque, par suite de récusation ou d'empêchements, il ne reste pas dans les tribunaux de commerce un nombre suffisant de juges ou de suppléants, ces tribunaux sont complétés par des éligibles pris sur la liste des notables suivant l'ordre dans lequel ils y sont portés. En théorie ce système à l'inconvénient de mettre le fardeau accidentel des fonctions judiciaires à la charge des mêmes personnes, puisque les listes sont dressées par ordre alphabétique. En pratique, le tribunal peut appeler qui bon lui semble par suite des difficultés d'appeler les éligibles dans l'ordre de la liste. Il peut y avoir là une porte laissant pénétrer l'intrigue dans le sanctuaire de la justice. La nécessité d'appeler des commerçants peut se présenter devant les petits tribunaux de commerce, mais il est bien rare que le nombre des juges et des suppléants ne suffise pas à l'expédition des affaires. Les notables sont appelés bien moins souvent à compléter le tribunal de commerce, que les avocats ou avoués le tribunal civil.

De tout temps les subtilités et complications de la procédure ont été bannies des affaires commerciales. D'après l'ordonnance de Philippe de Valois en 1349, les juridictions foraines devaient juger « sans procez et figure de plaids. » L'édit de 1563, l'ordonnance de 1673 éloignaient les procureurs de l'audience consulaire. Ces principes sont conservés dans l'article 627 du code qui interdit le ministère des avoués dans les tribunaux de commerce. Au surplus, rien n'est changé par la législation actuelle quant à la faculté qu'ont les parties de se faire représenter par un mandataire. A cet égard, le législateur a entendu conserver les traditions de chaque tribunal. Ici les agréés, là les membres du barreau et les avoués simples mandataires. Les huissiers seuls ne peuvent être conseils ni représenter les parties en qualité de procureurs fondés (loi de 1840.)

Les fonctions des juges sont gratuites (article 628); c'est, avec l'élection, ce qui les rend honorables au premier chef. Quoiqu'il n'y ait point de mérite à faire son devoir, le commerce doit de la reconnaissance à ceux qui, pendant de longues années, délaissent leurs propres affaires pour supporter le lourd fardeau de la justice; et la France peut s'énorgueillir à juste titre d'avoir pu trouver parmi les commerçants, depuis trois siècles, une succession de magistrats qui ont fait un modèle de la juridiction consulaire. Nous aimons à rappeler et nous dirons peut-être encore que, depuis son établissement, la justice commerciale n'a vu soulever aucune critique contre elle. Ceux mêmes qui, à une certaine époque, repoussaient l'institution s'empressaient de reconnaître ses bienfaits. La juridiction consulaire n'a pas démérité un seul instant. Si elle a toujours été à la hauteur de l'importante mission qu'elle a à remplir, elle le doit autant aux juges qui se sont succédé sur son siége qu'à la sagesse des lois qui la réglementent. L'élection et la gratuité qui assurent aux magistrats la plus grande indépendance ne les empêchent pas de faire preuve de sagesse et d'équité. Ils sont donc dignes de respect et d'estime ceux qui veulent bien apporter leur dévouement et leur probité au service des intérêts de leurs concitoyens, sans espérer d'autre récompense que celle qu'ils trouvent dans l'accomplissement du devoir et dans la satisfaction bien légitime de continuer dignement les traditions qui leur ont été transmises à travers les siècles.

Pour en assurer la conservation, il n'était peut-être pas nécessaire de faire prêter serment aux juges de commerce devant la Cour impériale ou devant le tribunal civil en vertu d'une délégation de la Cour, comme le veut l'article 629. Lors de la discussion de cet article, il a été unanimement admis que le serment devait être prêté devant le tribunal hiérarchiquement supérieur. Nous comprenons d'autant mieux les motifs du législateur, que ces prescriptions étaient consacrées par le temps. Depuis leur institution, les juges-consuls avaient toujours prêté serment devant le parlement ou un tribunal délégué. Mais sans vouloir combattre ce qu'il y a de juste et de respectable dans la loi, qu'il nous soit permis de regretter une dernière fois la simplicité, la naïveté, si l'on veut, de l'œuvre de L'Hôpital. Il voulait que les nouveaux venus prêtassent serment entre les mains des anciens. Certes, nous ne regardons ni comme un malheur, ni comme une faute, que les parlements, qui n'aimaient pas qu'on diminuât leur influence, aient exigé que les juges de commerce vinssent recevoir d'eux l'investiture publique. Peu nous importe encore devant quelle autorité le serment sera prêté, si celui qui le fait est sincère. Or, l'expérience démontre qu'il a toujours été saintement gardé par les magistrats consulaires. C'est donc une vaine formalité en présence de la probité dont ils font preuve. Aussi, nous n'y attachons pas la moindre importance. Nous nous bornons à conserver notre préférence pour la méthode toute patriarchale qui aurait fait du serment une cérémonie de famille.

L'article 630, le dernier du titre qui nous occupe, range les tribunaux de commerce dans les attributions et sous la surveillance du ministre de la justice. Il ne devait pas en être autrement.

Malgré l'élection et la gratuité des fonctions, les juges du commerce sont membres de la grande famille judiciaire, à laquelle ils se rattachent par l'investiture qu'ils reçoivent du souverain, et leur place dans la hiérarchie judiciaire. Et quoique l'indépendance soit une des plus précieuses qualités du juge, il faut, de toute nécessité, que les tribunaux soient soumis à une administration sans laquelle l'unité de la justice serait impossible.

En étudiant l'organisation des tribunaux de commerce, nous n'avons pas voulu séparer les lois de 1807 et de 1840 des décrets de 1848 et de 1852. La législation actuelle ne résulte que de la combinaison de ces documents. Ce sont, d'ailleurs, à peu près les seuls que nous offre le droit nouveau. Cependant, nous ne pouvons nous abstenir de mentionner le titre XXV du code de procédure civile, quoiqu'il ne touche qu'incidemment à notre sujet, parce qu'il est le corollaire indispensable du code de commerce. Le législateur moderne, consacrant les principes de ses devanciers, a refondu les prescriptions de l'édit de 1563, des ordonnances de 1667, de 1673 et de 1681, et les a complétées par des innovations qui, tout en conservant à la procédure commerciale le caractère d'économie et de célérité qui est de son essence, la mettent en harmonie avec la législation générale inaugurée par le code de procédure.

Enfin, pour terminer tout ce qui a rapport à l'organisation des tribunaux de commerce, nous devons constater que, depuis l'Assemblée constituante, leur existence, loin d'être menacée un seul instant, a été formellement reconnue par tous les gouvernements : dans la charte de 1814 (art. 60), dans l'acte additionnel des Cent Jours (article 51), dans la charte de 1815 (article 77), dans celle de 1830 (article 51), dans la Constitution de 1848 (article 88), que celle de 1852 a laissée en vigueur sur ce point.

L'organisation des tribunaux de commerce nous étant connue, nous devons voir les changements que la législation moderne a apportés à leurs attributions, en étudiant le titre II du livre IV du code de commerce, relatif à la compétence.

La compétence des tribunaux consulaires, telle qu'elle était déterminée par l'édit de 1563, était toute personnelle. Ils n'étaient appelés à juger que ceux qui étaient marchands, et pour le fait de marchandise seulement. On n'avait pas pensé alors à amener devant eux des particuliers non marchands quand ils avaient fait un acte isolé de trafic. Le commerce était considéré comme une

profession inférieure. On ne pouvait admettre
qu'un noble, un officier, un magistrat, un ecclésiastique pussent être obligés à plaider devant un
tribunal de bourgeois. Il est vrai que la déclaration
de 1565 avait renvoyé devant les juges-consuls les
contestations commerciales dans lesquelles se trouvaient mêlés certains officiers publics inférieurs
faisant le commerce en même temps qu'ils exerçaient une fonction. Mais, ainsi que nous l'avons
remarqué à propos de documents analogues, la déclaration de 1565 ne prenait aucune mesure générale; elle statuait sur une position particulière :
celle où certaines personnes déterminées, exerçant
deux professions à la fois, faisaient du commerce
une habitude. Cette déclaration, pleine de sagesse
pour le cas auquel elle s'appliquait, ne prévoyait pas
celui où une personne quelconque faisait un acte
isolé de commerce. L'ordonnance de 1673 ne fut pas
beaucoup plus explicite sur ce point. A l'exception
des lettres de change, dont elle attribuait la connaissance aux juges-consuls entre *toutes personnes,*
elle ne réputait actes de commerce que ceux qui
étaient faits par des négociants. Il était réservé
au code de commerce de dégager la vérité sur ce
point. Ainsi que le disait Crétet au conseil d'Etat :
« On ne doit pas faire une classe particulière de
» justiciables, mais faire juger commercialement
» tout ce qui est affaire de commerce, sans exa-

» miner si les parties, ou l'une d'elles, font ou ne
» font pas la profession de négociants ¹. »

La compétence des tribunaux de commerce devint donc *réelle*, de purement *personnelle* qu'elle
était. C'est cette idée qui constitue le grand progrès de la législation moderne, en même temps
que la puissance illimitée de la juridiction consulaire. En effet, le législateur eût-il voulu déterminer d'une manière immuable la nature d'un acte
de commerce, ou en énumérer les espèces, quelque latitude qu'il eût laissée à l'appréciation des
tribunaux, sa volonté serait venue se briser contre
la force des choses et des événements inattendus ;
car les combinaisons infinies et les progrès incessants du commerce engendrent journellement des
actes d'une nouvelle espèce.

L'article 631, en adoptant les idées de l'article 4
du titre XII de l'ordonnance, pose un principe général, au lieu de procéder par voie d'exemples.

« Les tribunaux de commerce connaîtront :

» 1° De toutes les contestations relatives aux
» engagements et transactions entre commerçants,
» marchands et banquiers. » — Voilà la compétence personnelle. Il y a présomption que l'acte est
commercial quand la contestation s'élève entre ces

______

¹ Locré, *Législation civile, commerciale et criminelle de la France*, t. 20,
p. 94.

personnes. S'il ne l'est pas, les parties, quoique commerçantes, sont justiciables du tribunal civil.

« 2° Entre *toutes personnes*, des contestations » relatives aux actes de commerce. » — C'est la compétence purement réelle, l'innovation moderne. Puis vient l'énumération de ces actes de commerce[1]. Or, si l'on se reporte à l'ordonnance, on voit qu'elle ne considérait comme actes de commerce que les « ventes faites par des marchands, artisans et gens de métier, afin de revendre ou de travailler de leur profession. » La jurisprudence avait bien, peu à peu, étendu les termes de la loi à tous les actes qui présentaient le caractère d'un trafic, mais assurément on était loin de comprendre tout ce qui est contenu dans l'article 632 du code de commerce qui a spécialement ajouté à l'ordonnance :

« Les entreprises de fournitures, d'agences, » bureaux d'affaires, établissements de vente à » l'encan et de spectacles publics ;

» Les opérations de banque et courtage et des » banques publiques. »

L'article 633 confirme aux tribunaux consulaires la connaissance du commerce maritime qui leur

---

[1] Le texte de l'article 631 du code de commerce a été modifié ainsi qu'il suit par la loi du 23 juillet 1856, qui a aboli l'arbitrage forcé :

« Art. 631. Les tribunaux de commerce connaîtront :

» 1° Des contestations relatives aux engagements et transactions entre commerçants, marchands et banquiers ;

» 2° *Des contestations entre associés pour raison d'une société de commerce ;*

» 3° De celles relatives aux actes de commerce entre toutes personnes. »

avait été attribuée par l'ordonnance de 1673, en-levée par celle de 1681 et rendue par la loi de 1790.

[La première partie de l'article 634 ne reproduit pas textuellement l'article 5 du titre XII de l'ordonnance de 1673. Tandis que cet article 5 disait que les juges-consuls connaîtraient des « gages, sa-» laires et pensions des *commissionnaires*, fac-» teurs ou serviteurs des marchands, pour le fait » du trafic seulement, » on lit dans l'article 634 du code de commerce : « Les tribunaux de com-» merce connaîtront : 1º des actions *contre* les *fac-» teurs*, commis des marchands ou leurs servi-» teurs, pour le fait seulement du trafic du mar-» chand auquel ils sont attachés. »

On remarquera d'abord que le mot *commission-naire*, qui se trouve dans l'ordonnance, ne se rencontre pas dans le code. Cela tient à un immense progrès accompli par le législateur moderne. L'ancienne législation ne s'était pas occupée du contrat de commission. Il était connu dans la doctrine parce qu'il était fort employé dans la pratique et chez les étrangers, et ses règles révélées par les auteurs furent érigées en lois par les rédacteurs de notre code; mais l'ordonnance de 1673 n'en fait pas mention. Elle ne s'occupe qu'une seule fois du commissionnaire, et c'est dans l'article 5 du titre XII, pour l'assimiler aux commis, facteurs et

serviteurs du marchand. De la définition donnée par Jousse, on peut conclure qu'alors on regardait le commissionnaire comme un mandataire spécial au commerce, agissant pour un commerçant dans une affaire déterminée. « Le commissionnaire, dit-il,
» est celui qui est chargé d'une *commission* qui lui
» est donnée par un *marchand* ou *banquier,* soit
» pour acheter, vendre, faire charger ou vendre
» des marchandises pour compte de ce marchand,
» soit pour accepter pour lui des lettres de change,
» recevoir le paiement de billets, payer des som-
» mes en son nom et autres semblables. »

Ce contrat rentrait donc dans les termes du mandat ; mais comme dans l'ancien droit la *gratuité* était de l'essence du mandat et que toute stipulation d'un salaire transformait le mandat en louage d'ouvrage [1], il n'est pas étonnant de voir le commissionnaire placé sur la même ligne que les commis, facteurs et serviteurs du marchand. Il n'y a point d'actes de commerce gratuits. Autrefois, comme aujourd'hui, toutes les commissions données par les marchands devaient être salariées. Le commissionnaire était le facteur momentané du marchand.

Mais comment trouve-t-on dans l'ancienne législation une lacune si considérable, qu'il a fallu un

---

[1] Pothier. Ch. 1, art. 3, N° 22. — Dalloz. *Répertoire général.* V° Mandat, N° 3.

titre tout entier du code pour la combler? Comment se fait-il que le contrat de commission n'était point connu en France dans l'ancien droit, alors qu'il était pratiqué par toutes les nations commerçantes voisines? A des époques où les communications ont toujours été longues, souvent difficiles, parfois dangereuses, les commerçants devaient sentir plus qu'à présent la nécessité de se faire représenter sur tous les points où ils ne pouvaient aller eux-mêmes.—C'est que, dès 1350, les attributions du commissionnaire avaient été dévolues à un officier du roi qui trafiquait dans chaque ville au nom et à la place des étrangers. Au temps des foires, les marchands étrangers à la ville étaient libres d'y vendre par eux-mêmes, ou par leurs facteurs, pendant la foire; mais, dans tout autre temps, le commerce était réservé aux habitants; de sorte que les étrangers étaient obligés de vendre par leur intermédiaire. Bientôt on alla plus loin, et on créa des offices de commissionnaires, des vendeurs obligés, chargés spécialement des transactions faites par les étrangers à la ville [1]. Un règlement de 1586, renouvelant les prescriptions antérieures, fait défense aux marchands forains étrangers et regnicoles de vendre hors du temps de foire leurs marchandises dans

---

[1] Dalloz. *Rép. gén.* V° Commissionnaire, N° 9 et suiv.

les villes du royaume, si ce n'est sous balles et
cordes, par eux-mêmes et non par facteurs, serviteurs ou commis; fait défense à tous marchands
et habitants des villes de leur prêter leur nom et
marque, et de vendre par commission ou autrement. Le même règlement porte établissement de
bureaux en chef et titre d'office pour la vente des
marchandises, selon et ainsi qu'on a accoutumé
de les vendre [1].

Telle fut la législation relative au contrat de
commission jusqu'à ce que l'Assemblée nationale,
dans la nuit célèbre du 4 août, abolit le privilége
du commissionnaire obligé, en même temps que
tous les autres.

Le contrat de commission n'avait donc pas sa
raison d'être dans l'ancien droit, parce que les
faits qu'il aurait pu régir l'étaient, pour ainsi dire,
administrativement; et si, dans l'article 5 du
titre XII de l'ordonnance du commerce, on lit le
mot « commissionnaire, » c'est qu'il faut supposer,
en présence de la définition que Jousse en donne,
qu'il n'y avait pas de commissionnaire privilégié
partout, et qu'alors les négociants avaient la faculté de confier leurs intérêts à des particuliers;
ou bien encore que le commissionnaire en titre
d'office n'exerçait sa mission que dans certains cas

---

[1] Delamare et Poitevin. *Du contrat de commission*, avant-propos, p. 9.

prévus par les édits d'institution, la vente des marchandises, par exemple, ainsi que nous le fait croire le nom de *vendeur obligé,* qu'on lui a donné ; mais que certaines commissions, non prévues par les règlements, telles que l'acceptation des lettres de change, les paiements de billets et autres semblables, pouvaient être données à toute personne. Il est du moins certain que si l'on ne pouvait vendre, on pouvait acheter par commission, et que dans la pratique on connaissait les commissionnaires de transports [1].

Nous nous croyons d'autant mieux autorisé à le penser, que, sous le régime des maîtrises et des jurandes, et dans les grands centres commerciaux, il devait y avoir un commissionnaire privilégié pour chaque spécialité de commerce, pour chaque maîtrise. Un seul bureau n'aurait pas suffi pour toutes les transactions des étrangers. Or, tous les trafics ne pouvaient rentrer dans toutes les catégories des métiers, et si tous ceux qui n'étaient pas spécialement soumis à une maîtrise déterminée étaient réunis dans une maîtrise générale, on échappait bien encore quelquefois à cette règle; ainsi la banque paraît avoir toujours été libre. Enfin, il est certain que, malgré les prescriptions générales des édits, il y avait des villes affranchies des maîtrises [2].

[1] Savary. *Le parfait négociant,* liv. III, ch. I, II, III, IV, V, VI.
[2] Savary. *Parfait négociant,* loc. cit.

Un contrat de mandat commercial pouvait donc parfois trouver sa place dans l'ancien droit. On l'appelait commission. Le commettant avait une action contre le commissionnaire à raison de la commission, et cette action était de la compétence des juges-consuls. C'est ce qui explique historiquement pourquoi le mot « *commissionnaire* » se trouve dans l'ordonnance de 1673 seulement au titre de la juridiction des juges-consuls; et le titre VI du code de commerce, qui a naturalisé le contrat de commission, nous donne la raison pour laquelle le même mot ne se trouve pas dans l'article 634. Le législateur moderne a fait d'un contrat autrefois ignoré de la loi un des agents les plus actifs, les plus commodes et les plus employés du commerce.

L'absence du commissionnaire dans l'article 634 n'est pas la seule différence que nous remarquons dans les deux textes que nous comparons. Cependant, il est bien entendu que sous l'ancienne législation, comme sous la moderne, les faits des commis, facteurs et serviteurs d'un marchand, donnent naissance à une double action : celle des tiers contre le marchand, lié par les actes de ses préposés agissant pour lui, action qui résulte du mandat et qui prend aujourd'hui naissance dans l'article 1998 du code civil; et celle des tiers ou du marchand lui-même *contre* les commis, facteurs et serviteurs, pour les faits de *leur gestion* qui les engagent directement avec leur patron ou les tiers. Dans les deux cas, le tribunal consulaire est compétent: dans le premier, à raison des principes généraux de la matière, si le préposé d'un marchand a fait un acte de commerce en vertu d'un mandat au moins tacite; dans le second, en vertu de l'article 634 du code de commerce qui rend les préposés des marchands justiciables du tribunal de commerce pour les faits de leur emploi.

Mais l'ordonnance disait que les juges-consuls étaient compétents pour connaître « des *gages, sa-* » *laires* et *pensions* des facteurs et serviteurs des » marchands pour le fait du trafic seulement; » et rien de semblable ne se lit dans l'article 634 du code de commerce. On s'est donc demandé quel était le tribunal compétent pour connaître de l'action du commis qui réclame ses appointements à son patron. Il ne nous appartient pas de reproduire ici la discussion juridique qui s'est élevée à ce sujet; nous devons nous borner à la constater. Bon nombre d'auteurs et d'arrêts soutiennent que le tribunal civil est seul compétent, parce qu'il s'agit d'apprécier un contrat de louage d'ouvrage, contrat essentiellement civil; et parce que si, par la volonté de la loi (art. 634. C. Com.) les préposés d'un marchand sont justiciables des tribunaux consulaires pour les faits de leur gestion, il ne faut pas étendre les termes de la loi et leur donner la qualité de commerçants qu'ils n'ont pas. Mais la Cour de cassation semble admettre que l'ordonnance de 1673 est encore en vigueur sur ce point. En tout cas, l'opinion qui tend à prévaloir, c'est que les deux tribunaux sont compétents, et que le commis peut assigner à son choix son patron devant le tribunal civil, à raison de la nature du contrat, ou devant le tribunal de commerce, à raison de la qualité du défendeur et de la nature de l'acte à son égard.

En présence de cette controverse, nous devons souhaiter une réforme législative; et si l'article 634 devait être retouché, nous pensons qu'on devrait y faire revivre les sages prescriptions de l'ordonnance du commerce. Nous n'essaierons pas de chercher un argument d'analogie dans les lois qui ont donné le conseil des prud'hommes pour juge des contestations entre les patrons et les ouvriers. Nous nous déciderons d'après les principes les plus généraux de la matière. Les tribunaux consulaires nous semblent les mieux placés pour apprécier sainement les difficultés des commis et des patrons. Il existe des usages dans l'intérieur des maisons des négociants, comme il en existe sur les places de commerce. Les travaux et les devoirs des commis sont ainsi tacitement tarifés et déterminés. Les juges civils ne peuvent apprécier les contestations

à ce sujet sans recourir à un apurement des faits;
les juges consulaires, au contraire, connaissent
parfaitement les questions par eux-mêmes. Ensuite
le tribunal de commerce est un tribunal de famille.
Le plus souvent, les commis sont de futurs négociants. Il y a utilité à ce que tout ce qui regarde
les membres de cette grande famille vienne se dé-
.rouler devant ses tribunaux. Il n'y a pas danger,
mais il y aurait quelque chose de fâcheux à voir
enlever à la connaissance du commerce des faits
qui intéressent le négociant en sa qualité de chef
de maison, ou le commis qui deviendra un jour
commerçant, pour les cacher, pour ainsi dire, dans
une enceinte où l'on trouvera certainement bonne
justice, mais dans laquelle le commerce n'a pas de
représentants intéressés à connaître les moindres
actions de ses membres.]

La seconde partie de l'article 634 est une innovation : « Les tribunaux de commerce connaîtront
» des billets faits par les receveurs, payeurs ou
» autres comptables de deniers publics. » Quoique
ces fonctionnaires ne soient pas commerçants et
ne puissent l'être, la loi les rend justiciables des
tribunaux de commerce pour les billets qui émanent
d'eux, dans l'intérêt du commerce, parce que ces
billets peuvent être mis en circulation; dans l'intérêt du Trésor, pour que la contrainte par corps
soit attachée aux billets qu'il peut recevoir de ses
préposés.

Nous avons vu quel était le régime des faillites sous l'ancienne législation. Nous savons que c'étaient les tribunaux ordinaires qui étaient chargés de leur administration ; que cependant une déclaration du 13 septembre 1739 avait chargé les tribunaux consulaires de la vérification des créances. La faillite n'était pas considérée comme un événement purement commercial. La loi sur les faillites (livre III du code de commerce) adopta un ordre d'idées tout différent. Dès lors la compétence fut déplacée, et, comme les commerçants seuls pouvaient être déclarés en faillite, leurs tribunaux seuls pouvaient désormais en connaître. Ainsi, le failli devait déposer son bilan au greffe du tribunal de commerce ; c'était ce tribunal qui déclarait la faillite, nommait le juge-commissaire et les *agents*, prononçait sur le sort de la personne du failli, nommait les syndics provisoires, fixait le délai supplémentaire pour la vérification des créances, homologuait le concordat ; en cas d'union, déterminait le secours à accorder au failli, décidait son excusabilité ; enfin prononçait la cession de biens judiciaire.

Quand on en vint à discuter le titre de la compétence, on parut effrayé de l'importance du rôle que les tribunaux de commerce étaient appelés à jouer dans les faillites. On craignait que les juges consulaires n'eussent pas la capacité suffisante pour statuer sur des questions de droit civil. On ne

voulait à aucun prix que des particuliers compromis dans une faillite fussent détournés de leurs
juges naturels pour venir plaider, malgré eux, par
suite de la faute du failli, devant le tribunal de
commerce. Un certain esprit de routine faisait dire
à quelques-uns que les choses se passaient parfaitement bien sous l'ancien régime; qu'il fallait se
garder de faire des innovations inconsidérées...

C'était surtout à propos des oppositions au concordat que la discussion était animée. C'était là,
en effet, que les intérêts purement civils pouvaient
se manifester et courir le danger d'être méconnus
par le tribunal de commerce. On fit une distinction:
on fit juger les oppositions par le tribunal de commerce quand les moyens de l'opposant étaient
fondés sur des actes ou des opérations dont la connaissance était attribuée par les lois aux tribunaux
de commerce. Les autres étaient jugées par les tribunaux civils. L'appréciation de la nature des actes
pouvait donner lieu à de nombreuses difficultés de
compétences; quoi qu'il en soit, l'article 635 fut
ainsi rédigé :

« Les tribunaux de commerce connaîtront enfin :

» 1° Du dépôt du bilan et des registres du com-
» merçant en faillite, de l'affirmation et de la véri-
» fication des créances;

» 2° Des oppositions au concordat, lorsque les
» moyens de l'opposant seront fondés sur des actes

» ou opérations dont la connaissance est attribuée
» par la loi aux juges des tribunax de commerce.

» Dans tous les autres cas , ces oppositions se-
» ront jugées par les tribunaux civils.

» 3° De l'homologation du traité entre le failli
et ses créanciers ;

» 4° De la cession de biens faite par le failli, pour
» la partie qui est attribuée aux tribunaux de
» commerce par l'article 901 du code de procédure
» civile. »

Ainsi rédigé, cet article faisait double emploi
avec les dispositions de la loi sur les faillites qui
renvoyaient formellement devant le tribunal de
commerce les épisodes de la faillite pour lesquels
l'article 635 attribuait une compétence au même
tribunal. La loi de 1838 qui, ainsi que la précédente, régla *à priori* les attributions des tribunaux
civils, criminels et de commerce dès que leur intervention paraissait nécessaire dans les opérations
de la faillite, fit de l'article 635 une formule
générale, qui dès lors se borna à renvoyer au
livre III du code. D'ailleurs, la compétence des
tribunaux de commerce n'a pas été restreinte par la
dernière loi. Au contraire, ils ont maintenant à
prononcer sur les oppositions au concordat. Seulement, si le jugement de l'opposition est subor-
donné à la solution de questions étrangères, à
raison de la matière, à la compétence du tribunal

de commerce, celui-ci doit surseoir à prononcer
jusqu'après la décision de ces questions et fixer un
bref délai dans lequel le créancier opposant devra
saisir les juges compétents et justifier de ses diligences.

La loi de 1838 a définitivement donné à la faillite son véritable caractère commercial, qui lui était
encore contesté en 1807, tout au moins dans la
discussion du code de commerce; et cependant les
citoyens ne sont point tenus de plaider ailleurs que
devant leurs juges naturels. Dans toutes les contestations étrangères au commerce qui peuvent se
produire à propos de la vérification des créances et
des oppositions au concordat, le tribunal de commerce doit attendre que les juges compétents aient
donné leur décision pour rendre la sienne. Quoique
la nouvelle loi soit, quant à la compétence, un
progrès sur l'ancienne, nous devons constater que
celle-ci, en mettant la faillite dans les attributions
des tribunaux de commerce, leur faisait faire une
conquête légitime que la législation leur avait
jusqu'alors refusée.

Les longues et intéressantes discussions auxquelles ont donné lieu les articles 636 et 637 sont
étrangères à notre sujet ; mais, sans nous engager
sur ce terrain, nous devons faire remarquer que
ces articles sont un progrès manifeste sur la légis-

lation antérieure. D'après l'ordonnance de 1673, les juges-consuls connaissaient des lettres de change, entre toutes personnes, et des billets de change ou à ordre, seulement lorsqu'ils étaient faits entre négociants. Que devait-on faire lorsque le titre n'avait que l'apparence d'une lettre de change, sans être nécessité par une remise d'argent de place en place, quand il était réputé simple promesse (art. 112 du code de commerce)? Que devait-on faire lorsque le billet à ordre ne portait que des signatures d'individus non commerçants, lorsqu'il n'avait pas été souscrit pour une opération de commerce, ou bien encore lorsqu'il se trouvait revêtu de signatures de négociants et de particuliers non commerçants? Dans le premier cas, on ne pouvait faire juger par le tribunal de commerce un acte que la loi refusait de reconnaître comme commercial en lui-même. Dans le second, on ne pouvait assujettir à la juridiction consulaire et à ses rigueurs des personnes qui n'avaient pas entendu s'y soumettre. Il fallait éviter, en outre, de faire porter le même différend devant plusieurs tribunaux, pour n'avoir pas à craindre des décisions contradictoires. Le système auquel le législateur s'est arrêté est aussi simple que rationnel. S'il s'agit d'une lettre de change réputée simple promesse ou d'un billet à ordre dont aucun signataire n'est commerçant et qui n'a pas pour occa-

sion un acte de commerce, le tribunal de commerce
est tenu de renvoyer au tribunal civil, s'il en est
requis par le défendeur. Dans le cas où le titre
porte en même temps des signatures de commerçants et de non commerçants, le tribunal de commerce est seul compétent; mais il ne peut prononcer la contrainte par corps contre les non commerçants, à moins qu'ils n'aient fait acte de commerce.

Ces dispositions sont encore une conquête pour
les tribunaux de commerce, parce que la loi tranche,
d'une manière formelle et en leur faveur, des questions que la législation antérieure n'avait pas
expressément prévues. Leur compétence se trouve
étendue parce que la loi amène devant eux, volon-
tairement dans un cas, forcément dans l'autre, tous
les non commerçants qui ne voudront ou ne pourront décliner leur compétence, et qui, auparavant,
devaient toujours se faire juger par les tribunaux
civils.

Si l'on est justiciable du tribunal de commerce,
quand on est négociant ou quand on a fait un acte
de commerce, il est évident que, dans l'hypothèse
contraire, c'est la compétence de droit commun
qui doit reprendre son empire. La disposition de
l'article 638 qui excepte de la compétence des tribunaux de commerce les actions intentées contre

un propriétaire, cultivateur ou vigneron, pour vente de denrées provenant de son crû, se justifie d'elle-même, car il est évident que ces ventes ne sont point semblables à celles que fait un négociant. Il en est de même de la suivante qui a pour objet de préserver de toute poursuite alarmante tous les individus, sans excepter les commerçants, qui achètent des marchandises ou des denrées pour leur usage ou leur consommation. La première de ces dispositions est la reproduction de la déclaration de 1610; la seconde, de l'article 6 de l'ordonnance de 1673.

On ne retrouve pas dans le code de commerce l'article 10 de cette ordonnance qui, dans le cas où l'action était intentée par un non commerçant pour vente à un commerçant de denrées provenant de son crû, laissait au demandeur la faculté de porter la contestation devant la justice civile ou commerciale, à son choix. Cet article est-il encore en vigueur ? Le tribunal civil est-il compétent pour connaître d'une contestation commerciale pour l'une des parties ? Nous avons signalé déjà la controverse qui existe entre la doctrine et la jurisprudence sur cette question. La doctrine soutient qu'en pareil cas l'incompétence des tribunaux civils est absolue et qu'elle peut être opposée en tout état de cause. La jurisprudence décide continuellement que cette incompétence n'est que relative et que l'exception doit être proposée *in limine litis*. Ce qui est hors de toute contestation, c'est que le commerçant assigné devant le tribunal civil à l'occasion d'un acte de commerce, peut avant tout décliner la compétence et demander son renvoi devant le tribunal de commerce. Si la loi est incomplète sur ce point, il est laissé à la diligence de la partie commerçante de choisir sa juridiction en ne se faisant pas forclore au tribunal civil, résultat complètement opposé à l'article 10 de l'ordonnance. Les droits du commerce sont donc sauvegardés. Cependant on ne peut se dissimuler que la question est grave et qu'il serait désirable que cette lacune fût comblée.

L'article 639 (code de 1807) fixait le taux du dernier ressort. Les tribunaux de commerce pouvaient juger en dernier ressort : 1° toutes les demandes dont le principal n'excédait pas la valeur de mille francs; 2° toutes celles où les parties justiciables de ces tribunaux, usant de leurs droits, déclaraient vouloir être jugées définitivement et sans appel. La loi du 3 mars 1840, en maintenant cette dernière disposition, toute facultative de la part des justiciables et qui fut inaugurée par la loi de 1790, a assimilé la compétence des tribunaux de commerce à celle des tribunaux, civils de première instance, telle qu'elle avait été déterminée par la loi du 11 avril 1838. Le chiffre du dernier ressort est depuis lors élevé à 1500 francs.

Les articles 640 et 641 ne sont que la reproduction des ordonnances de 1579, 1667 et 1759 et de la loi de 1790. « Dans les arrondissements où il » n'y a pas de tribunaux de commerce, les juges » du tribunal civil en exercent les fonctions et » connaissent des matières attribuées aux juges » du commerce (art. 640). L'instruction doit avoir » lieu, dans ce cas, dans la même forme que de- » vant le tribunal de commerce, et les jugements » produisent les mêmes effets (art. 641) [1]. »

Nous venons de parcourir le titre du code de commerce qui détermine la compétence des tribunaux de commerce. Il ne faisait pas mention des différends entre associés qui étaient laissés à la décision des arbitres forcés, comme sous l'empire de l'ordonnance de 1673. Nous avons eu occasion de dire que la loi du 16 juillet 1856 avait comblé cette lacune et modifié l'article 631. Si nous le rappelons, ce n'est que pour donner le tableau complet de la compétence des tribunaux de commerce sous la législation actuelle.

Le livre IV du code de commerce contient encore deux titres que nous ne voulons pas passer sous silence, quoiqu'ils n'apportent aucune modifica-

---

[1] La Cour de Cassation décide que lorsqu'un tribunal civil se constitue en tribunal de commerce, la présence du ministère public est obligatoire et le jugement doit la mentionner.

tion à l'organisation ou à la compétence des tribunaux de commerce. Le titre III est relatif à la procédure. Il renvoie seulement au code de procédure, comme l'ordonnance de 1673 renvoyait à celle de 1667. Le titre IV, en faisant porter l'appel des jugements des tribunaux consulaires devant les cours impériales, consacre les principes les plus anciens qui avaient été un instant méconnus par l'Assemblée constituante et auxquels la constitution de l'an VIII était déjà revenue.

En terminant l'étude de l'ordonnance de 1673, nous avons constaté qu'en dehors des attributions judiciaires confiées par la loi aux juges-consuls, on les avait mêlés plus intimement au commerce, en exigeant leur concours pour l'accomplissement de certaines formalités. Une remarque semblable trouve sa place au moment où nous avons terminé l'exposé de la législation actuelle. Sous le rapport pour ainsi dire extrajudiciaire, la compétence du tribunal de commerce s'est développée dans des proportions si considérables, qu'il faut reculer devant l'énumération de tous les actes auxquels il participe, soit par une intervention du tribunal tout entier, soit par celle du président, d'un juge ou du greffier. Signatures de registres, ordonnances pour saisir, pour vendre publiquement ; dépôts de rapports de mer, d'actes de sociétés..... Chaque jour, une loi

spéciale ajoute une nouvelle fonction aux attributions non contentieuses du tribunal. Nous ne devrions pas négliger cette partie, en quelque sorte
administrative, de la justice commerciale qui
fait du tribunal le tuteur obligé de tous les commerçants, mais son étendue elle-même nous condamne à ne faire autre chose que la constater.
C'est, d'ailleurs, tout ce qui intéresse l'histoire.

Arrêtons-nous donc. Aussi bien notre sujet est
épuisé pour tout ce qui regarde le passé et le présent des tribunaux consulaires. Nous avons suivi
leur existence pas à pas. Nous avons tenu à laisser
parler les documents; car nous pensons que les
textes législatifs portent en eux-mêmes leur commentaire et que c'est seulement de leur comparaison que peut résulter une critique sérieuse. Nous
avons pu nous convaincre que les progrès des tribunaux de commerce ont été incessants et nous
pouvons croire que leur organisation comporte le
principe d'une puissance illimitée. En effet, il y a
aujourd'hui une tendance invincible à mobiliser
même les choses immobilières. Or, quel est l'agent
de la mobilisation si ce n'est le commerce? Et quels
en sont les juges? Quand on fait un acte de commerce en s'intéressant dans une société anonyme ou
en commandite; quand on est justiciable du tribunal
de commerce en signant une lettre de change, quelquefois un billet à ordre, tout placement de fonds

devient un acte de commerce, tout particulier peut être actionné devant la juridiction consulaire. Peut-on prévoir ce que l'avenir nous dévoilera de nouvelles combinaisons commerciales? Ne peut-on prédire que les tribunaux de commerce deviendront la juridiction la plus étendue? Aujourd'hui même on se demande si cette institution est suffisante pour répondre aux besoins publics. On cherche à leur donner une plus grande force juridique. On se préoccupe d'innovations..... Ne devons-nous pas, nous aussi, après avoir vécu jusqu'ici avec le passé, nous élancer vers l'avenir? Serait-ce une témérité de faire servir l'expérience historique que nous venons d'acquérir à l'étude des questions qui s'agitent? Assurément, si quelques-uns apportent plus de lumières que nous dans cette grave discussion, personne n'y portera une conviction plus sincère. N'hésitons donc pas à chercher à notre tour si la justice consulaire peut être améliorée sous quelques rapports et à examiner les moyens que l'on peut proposer pour arriver à ce résultat.

CHAPITRE VI.

LA CONSTITUTION ACTUELLE DES TRIBUNAUX DE COMMERCE RÉPOND-ELLE AUX BESOINS NOUVEAUX DU COMMERCE ET EST-ELLE EN HARMONIE AVEC LA MARCHE PROGRESSIVE DU DROIT? — LE MINISTÈRE PUBLIC PRÈS LES TRIBUNAUX DE COMMERCE. — ÉDUCATION JURIDIQUE DES COMMERÇANTS. — JUGES-AUDITEURS. — CONCLUSION.

Si la juridiction consulaire est appelée à jouer, dans notre ordre social, un rôle si grand, qu'on ne puisse lui assigner de limites, si ses attributions augmentent tous les jours, si ses justiciables deviennent plus nombreux et plus nombreuses aussi les questions délicates qui lui sont soumises, telle qu'elle est organisée, répond-elle aux besoins du commerce; est-elle susceptible de rester à la hauteur des progrès incessants du droit? A cette double question nous répondrons sans hésiter : Oui, les tribunaux consulaires rendent au commerce tous les services qu'il peut en attendre ; dès que ce but essentiel de leur institution est atteint, il n'est pas besoin de se préoccuper s'ils peuvent suivre les progrès de la science juridique. En d'autres termes, les magistrats du commerce sont assez juris-

consultes si leur justice est à l'abri de tout reproche. Or, il en est ainsi et il en a toujours été de
même. Qu'on nous cite un établissement né depuis
trois siècles et parvenu jusqu'à nous sans subir
d'altérations, sans même essuyer de critiques !
Qu'on nous montre, au milieu de nos institutions
modernes, un monument de l'ancienne monarchie
encore debout, et si solide que sa durée est assu-
rée pour jamais, si elle n'est pas compromise par
des réparations maladroites ! Les faits prouvent
donc que jusqu'ici les tribunaux de commerce ont
suffi à leur tâche. Et comment? D'une façon telle
que leur juridiction a toujours été regardée comme
un modèle de sagesse et d'équité; qu'elle n'a jamais
trouvé un adversaire et que les régimes politiques
les plus contraires auxquels la France a été soumise n'ont pu modifier aucun de ses éléments essentiels. Si les tribunaux consulaires ont pu fournir une si longue et si glorieuse carrière, si l'on
peut dire qu'il est impossible que l'avenir ne soit
pas la continuation du passé, c'est que l'institution
est aussi parfaite que peut l'être une œuvre humaine. Il faut donc se garder d'y toucher. Il ne
faut pas porter atteinte à ces principes pleins de
sagesse qui lui donnent la force et la vie. Il ne faut
pas dénaturer son caractère, ni chercher le mieux
quand on a le bien. Il faut surtout se garder de
croire que le commerce se prêterait à l'application

de théories séduisantes, mais qui ne seraient pra-
ticables qu'au grand préjudice du public et de la
justice.

Les tribunaux consulaires répondent-ils à tous
les besoins du commerce? Ce serait une naïveté d'en douter; ou, plutôt, ce serait ne connaître ni les commerçants, ni la justice consulaire.
C'est le grand mérite de son organisation d'avoir
pu suivre pas à pas les progrès du commerce et
de pouvoir se prêter toujours à les comprendre. Le
renouvellement périodique du personnel suffit
ou contribue puissamment à tenir les tribunaux au
niveau des circonstances variables et nouvelles
dans lesquelles s'agite la société commerciale. Si,
depuis le XVI° siècle, le commerce a acquis les dé·
veloppements que l'on peut constater en comparant
cette époque à la nôtre, l'éducation commerciale
n'est pas restée en arrière. Empruntons une comparaison à un illustre écrivain [1]. Faisons par la
pensée sortir de son tombeau un juge consul du
temps de L'Hôpital et introduisons-le brusquement
dans notre vie commerciale. Quel sera son étonnement! Certes, celui-là qui, de son temps, était
le premier entre ses pairs, ne pourra pas comprendre ce qui est familier au dernier commis de
nos maisons de commerce. Les développements du

---

[1] M. Guizot. *Histoire de la Civilisation en Europe*, 7° leçon.

commerce et ceux de l'éducation commerciale sont donc invinciblement unis. Si les uns venaient à cesser, les autres s'arrêteraient. Les négociants savent le commerce et il n'y a qu'eux à le savoir. Ce sont les seuls juges possibles des matières commerciales. Ils sont toujours suffisants parce que, s'ils ne l'étaient pas, ils ne pourraient plus être commerçants. Les faits proclament donc la réponse à la question que nous nous sommes posée. Sous le rapport purement commercial, les tribunaux de commerce répondent et doivent toujours répondre aux besoins publics. Il ne saurait en être autrement.

Mais les magistrats consulaires sont des juges. Ils doivent dire le droit. Quoique peu éloignés de nous, les temps ne sont plus où on les considérait comme devant juger simplement en équité, sans se préoccuper beaucoup de l'application des lois écrites [1]. Les contestations engendrent des discussions juridiques souvent ardues. La science du droit elle-même a fait de tels progrès, qu'il est impossible de la bannir d'une action en justice. Les juges de commerce sont-ils donc capables de suffire à leur mission? Ne restent-ils pas au-dessous de la tâche qu'ils ont à remplir, lorsque, sans études préalables, ils sont appelés à résoudre

[1] C'était encore l'opinion du législateur lors de la discussion du code de commerce au Conseil d'État.

les questions les plus difficiles sur lesquelles les jurisconsultes les plus éminents peuvent hésiter ? Si l'on s'en tient à une théorie absolue, on répondra certainement : non. Si l'on regarde ce qui se passe journellement, la réponse sera toute différente. En effet, les statistiques nous prouvent que les jugements des tribunaux de commerce réformés par les cours impériales ne sont pas plus nombreux que ceux des tribunaux civils [1]. En outre, il faut considérer que bon nombre d'arrêts réformant les jugements des tribunaux de commerce sont cassés par la cour suprème qui adopte l'opinion des juges de première instance. Les commerçants jugent donc aussi bien que les juges civils les matières de leur compétence. Cela tient surtout à ce que les questions de droit étrangères à la pratique des affaires commerciales et sur lesquelles le magistrat consulaire pourrait n'être pas suffisamment édifié sont très-rares et ne sont

[1] Dans un discours d'installation d'un tribunal de commerce important, le président sortant disait avec un légitime orgueil que sur soixante-treize jugements émanés du tribunal et frappés d'appel, la cour impériale avait répondu par soixante-deux arrêts confirmatifs. (V. le supplément publié par la *Jurisprudence commerciale et maritime de Nantes*, en 1864). Dans son rapport sur les travaux des juridictions civile et commerciale pendant l'année 1863, le Ministre de la justice constatait qu'en 1863, il a été interjeté appel contre 3,304 jugements émanés des tribunaux consulaires (113 appels pour mille jugements). Les arrêts confirmatifs ont été dans la proportion de 72 pour cent ou *quatre centièmes de plus qu'en matière civile* (V. *Gazette des Tribunaux* du 7 juin 1865). Cette statistique est éloquente et en même temps un argument sérieux en faveur de la juridiction des juges-consuls.

pas d'une difficulté insurmontable pour des esprits
expérimentés. Quand un négociant arrive au tribunal, il connaît mieux que le jurisconsulte le
plus érudit le mécanisme de toutes les opérations
commerciales. Sans avoir peut-être jamais lu la
loi, il l'a pratiquée journellement. Quand il vient
à juger, il ne lui est pas difficile d'appliquer les
textes. C'est ce qui fait que la justice consulaire
est moins susceptible d'erreurs que celle des tribunaux civils. Les juges connaissent les affaires
qui leur sont soumises pour en avoir fait de semblables, pour les avoir maniées, si l'on veut nous
passer cette expression; tandis que les juges civils ne connaissent le plus souvent celles qu'on
plaide devant eux que pour en avoir entendu
parler. Ajoutons que la connaissance parfaite
qu'ils ont de leurs justiciables leur permet de
découvrir avec une sûreté infaillible la bonne ou
la mauvaise foi, élément de conviction qui manque
aux juges civils. Les questions de *droit commercial* sont donc aussi bien jugées que possible par
les tribunaux consulaires; si bien, que les cours
impériales confirment le plus souvent, et surtout dans les matières de droit maritime, les
jugements de première instance, sans y rien
changer.

Mais s'il se présente un point de droit civil
à résoudre? — Il ne se présentera d'abord qu'ex-

ceptionnellement, puisque le plus souvent le tribunal de commerce sera incompétent pour le juger. Eh bien ! si l'affaire en vaut la peine, on a la ressource de l'appel devant une cour toute juridique. En tout cas, nous pensons que les justiciables ont bien les mêmes garanties qu'en matière civile.

Aux yeux de la loi, tous les tribunaux de commerce ont la même nature; mais, en fait, il y a une hiérarchie dont il faut tenir grand compte. Elle est fondée sur l'importance commerciale de la localité où chaque tribunal est établi et a pour conséquence une capacité corrélative chez les juges. Sur deux cent dix-neuf tribunaux de commerce, il n'y en a pas plus de dix qui soient très-importants. Ce sont ceux qui ont leur siége dans nos grands ports maritimes et dans nos grandes cités manufacturières; et ceux-là ont une influence infiniment plus considérable que le tribunal civil de l'arrondissement. Parmi les autres, il y en a sans doute d'importants, mais le plus grand nombre est établi dans des villes où il ne se fait qu'un petit commerce de détail, où la grande fabrication, l'importation et l'exportation sont inconnues. On peut dire qu'ils n'ont à faire que de la justice de paix commerciale. Ils sont composés de gens honnêtes qui n'ont pas une grande éducation juridique, qui n'ont à résoudre que des questions

qui naissent du trafic qu'ils font eux-mêmes, et, à
coup sûr, ils valent bien les juges de paix qui n'ont
pas besoin de faire preuve d'une grande science
pour rendre la justice [1]. Dans les grandes villes,
au contraire, l'éducation que les juges ont reçue
ou acquise les rend parfaitement propres à comprendre les questions de droit civil qu'ils peuvent
avoir passagèrement à résoudre et qui sont élu-
cidées devant eux par des légistes de talent et
d'expérience.

Et ces progrès incessants de la science du droit,
où sont-ils? — Dans la doctrine et dans l'école,
fidèle gardienne de la doctrine. Assurément, jamais les examens de droit n'ont été plus difficiles,
jamais les leçons des professeurs n'ont été plus
savantes, jamais un plus grand nombre d'auteurs
n'a écrit sur un plus grand nombre de sujets.
Mais voyons-nous cette science qui remplit l'école
déborder comme un grand fleuve sur tout le monde
juridique et inonder la pratique des affaires et
des tribunaux? Point du tout. A peine sortis de
l'école, ceux qui doivent pratiquer le droit oublient
les leçons de leurs professeurs pour chercher
celles de l'expérience. Tous les tribunaux de
France et ceux qui les entourent ont les yeux fixés

[1] Ils n'ont même pas besoin d'être gradués en droit!

sur la jurisprudence de la cour de cassation plutôt que sur les œuvres purement spéculatives de la science. La doctrine d'une pureté esthétique, telle qu'on l'enseigne à l'école, se prête mal aux circonstances multiples et inattendues qui surgissent dans la vie réelle. Enfin, les jurisconsultes de l'ancien temps, ceux qui ont un culte sincère et ardent pour la science, qui passent leur vie à adorer leur idole, sont en minorité dans les tribunaux. Une tendance respectable, puisqu'elle a pour but de récompenser des services, donne aux magistrats du parquet la plus grande partie des charges de judicature, depuis celles des premiers présidents jusqu'à celles des juges de paix. Ce n'est pas au préjudice de la justice, mais c'est au préjudice des progrès de la science. Il est certain que des hommes dont toute la carrière a été remplie par l'application du droit criminel et par l'administration ont besoin d'efforts pour reprendre l'étude du droit civil forcément négligée au parquet. Quand on arrive à la maturité de la vie sans avoir fait une étude constante d'une science, on ne s'y met pas avec ardeur; on ne fait que le strict nécessaire. La nature humaine est ainsi faite la théorie ne la changera pas. Et nous ne tenons pas compte des magistrats qui considèrent le siége inamovible comme le repos après l'agitation, comme le port après la tempête et qui ne deman-

dent qu'à s'y assoupir en attendant que le décret
de 1852 vienne sonner l'heure de la mort judiciaire.
Dès lors, où sont les progrès *incessants* de la
science du droit dans la pratique des tribunaux ?...
Ce n'est pas dire que la justice française soit mauvaise. Bien au contraire, tout le monde rend un
hommage mérité à son intégrité et à ses lumières; elle n'est pas aussi savante que l'*école* : c'est
là tout ce que nous voulons dire. Eh bien! si c'est
là un mal, si on veut lui porter remède, il faut
commencer à opérer sur les tribunaux civils qui
doivent garder le prestige de la science judiciaire.
Quand de chaque juge on aura fait un professeur,
on pourra songer à en faire autant des juges des
tribunaux de commerce.

Actuellement on ne peut penser à introduire
des flots de science dans la juridiction consulaire
sans modifier sa constitution, sans porter atteinte
à sa nature. Avant d'innover dans une matière
si délicate, il nous semble que la première chose
à faire est de consulter les intéressés. Or nous
sommes bien certain que le commerce sera souverainement hostile à toute mesure qui modifiera
la composition de ses tribunaux. Sous ce rapport,
il est content. Il ne demande rien (chose rare!).
Pourquoi vouloir lui octroyer un perfectionnement
dont il tient surtout à se passer? Ceux qui dési-
rent des améliorations juridiques sont animés

d'une conviction respectable, mais n'ont pas une connaissance suffisante des choses et des personnes. Ce sont des auteurs illustres, des magistrats intègres et éclairés, ce ne sont point des chambres de commerce. Ils poursuivent des chimères irréalisables. La vie du commerce, plus encore que la vie politique, se compose de faits; et ces hommes considérables qui prétendent réformer l'institution consulaire du fond de leurs cabinets, sans s'être activement mêlés à la lutte devant les tribunaux de commerce, sans avoir suivi les spéculations mercantiles, sans avoir fréquenté intimement les commerçants, ressemblent à ces utopistes convaincus qui règlent la marche de l'ordre social au gré de leur imagination, sans avoir fréquenté jamais ceux pour lesquels ils demandent des lois. Ces systèmes enfantés par la théorie absolue sont fort beaux et fort désirables, mais ils ont tous le défaut de venir se briser contre une pratique qui les rend irréalisables.

On a déjà fait justice de cette opinion qui consiste à vouloir composer le tribunal de commerce d'un certain nombre de juges commerçants, électifs et amovibles, et d'un président gradué et inamovible. Un juge civil transplanté à la tête du tribunal consulaire y prendrait difficilement racine ou finirait par absorber le tribunal tout entier. On a reconnu qu'il ne fallait pas mélanger d'une manière si in-

time l'élément commercial et l'élément juridique,
l'élection et l'institution [1]. Mais si ce système
compte peu de partisans, il en est autrement d'un
autre qui fait un certain bruit, dans lequel on réclame l'institution des magistrats du ministère
public près des tribunaux de commerce. C'est une
question en permanence depuis longtemps à l'ordre
du jour.

L'ordonnance de 1673 ne défendait pas d'une
manière absolue la présence d'un procureur syndic près les siéges des juges-consuls. Elle la to-
lérait dans les lieux où les édits de création
l'avaient autorisée. En général, dans le Nord de
la France, les juges du commerce n'avaient point
auprès d'eux de représentant du prince; mais il en
était autrement dans le Midi. A Lyon, notamment,
il y avait, un procureur-syndic choisi pour trois
ans par le tribunal lui-même. Ainsi, l'institution
n'est pas nouvelle, et sous l'ancien régime elle n'a
pas produit de mauvais résultats. Lorsque l'Assemblée constituante discuta l'existence des tribunaux de commerce, il ne fut point question du ministère public, et lorsqu'elle s'occupa du ministère
public, il ne fut pas dit un mot des tribunaux de
commerce; la question ne se présenta de nouveau
que lors de la rédaction du code de commerce. Les
avis d'un grand nombre de cours et de tribunaux de-

---

[1] *Revue pratique du droit français*, t. VIII (1859), p. 443.

mandaient l'institution du ministère public en matière commerciale. La mesure paraissait bonne en
elle-même, mais comme on ne put parvenir à s'entendre sur l'organisation, le Conseil d'Etat n'en fut
pas même saisi. Depuis, à plusieurs reprises et jusqu'à nos jours, des auteurs illustres, des publicistes
moins connus ont soutenu cette thèse et s'efforcent
de la faire prévaloir. Tel est l'historique de la question. Voici maintenant comment on la discute.

On commence d'abord par convenir que la justice
consulaire est à l'abri de tout reproche ; qu'elle est
pleine de sagesse et d'équité, qu'elle rend les plus
grands services ; qu'il est impossible de s'en passer ; *mais* ses magistrats ne savent pas un mot
de droit. Il est donc nécessaire de mettre quelqu'un
auprès d'eux pour faire leur éducation. Ce n'est
certainement point un maître qu'on veut leur
donner ; c'est un conseil bienveillant qui n'ouvrira
la bouche que si on le prie de parler ou quand il
jugera la cause assez importante pour mériter
d'être élucidée par lui. Il pourrait cependant donner des conclusions d'office dans toutes les affaires
qui intéresseraient l'Etat, les communes, les établissements publics, les femmes mariées non au-
torisées à faire le commerce, les mineurs non
commerçants, les absents ; dans tous les cas où
la contrainte par corps pourrait être prononcée,
quand il s'agirait de demandes en désaveu, de

transactions sur faux incident, de récusation de magistrats ou d'experts dans les enquêtes commerciales, de requête civile et toutes les fois qu'une partie aurait été admise au bénéfice de l'assistance judiciaire. Enfin, en matière de faillite, le représentant de la loi devrait donner son avis dans toutes les occasions où les contestations se déroulent à l'audience et exercer une surveillance de tous les instants dans les opérations [1].

Tel est le rôle qu'on veut faire jouer au ministère public. Constatons immédiatement que, malgré cette longue énumération de causes communicables, ses fonctions à l'audience constitueront une véritable sinécure. Si on excepte les affaires de faillites qui sont portées à l'audience et les affaires très-rares qui peuvent intéresser les administrations ou les non commerçants, il n'aura jamais à donner de conclusions d'office. Dans l'un des tribunaux de commerce les plus importants de l'Empire, nous n'avons jamais vu de désaveu, de faux incident, de récusation de magistrats ou d'experts, de requête civile, ni d'affaires d'assistance judiciaire [2]. Sur ces questions, le ministère

---

[1] Carré. *Lois de l'organisation et de la procédure*, édition de 1826, t. II, p. 481. Boulay-Paty. *Des faillites et banqueroutes*, édition revue par Boileux, introduction. — *Revue pratique du droit français*, t. VIII (1859), p. 433. Nouguier. *Des tribunaux de commerce*, t. I, p. 397.

[2] La *Table générale de jurisprudence commerciale et maritime de Marseille*, qui n'a paru que postérieurement au concours de Toulouse pour 1865, et que, par conséquent, nous n'avions pu consulter, nous permet

public n'aura presque jamais à prendre la parole. Quant à celles qui intéressent la contrainte par corps, ce serait le forcer à une fréquente éloquence et à une éloquence inutile. Personne n'ignore, en effet, que si la contrainte par corps est l'exception en matière civile, elle est la règle générale en matière commerciale où elle peut être prononcée toutes les fois que la demande est supérieure à 200 francs. Il est vrai que le tribunal ne peut pas la prononcer si elle n'est pas demandée; mais c'est devenu une clause de style dans les exploits d'a-

de constater que, parmi les difficultés juridiques qui nous occupent, dans une période de quarante et un ans, le tribunal de commerce de Marseille n'a eu à statuer que sur une requête civile, le 24 mai 1822. (*Recueil de Marseille*, t. iv, 1, 175.)

Nous avons voulu alors rechercher dans les recueils de jurisprudence spéciaux aux tribunaux de commerce quelle avait été la fréquence de pareilles affaires dans les juridictions assez occupées pour comporter un recueil de jurisprudence, et voici le résultat auquel nous sommes arrivé pour la période des sept dernières années (1859-1865) :

Désaveu ; — rien.

Faux-incident; — un jugement du tribunal de commerce de la Seine du 20 octobre 1858. (Lehir. *Annales de la science et du droit commercial*, 1859, 2, 414.)

Récusation; — un jugement du tribunal de commerce de Brest du 12 mars 1858, confirmé par la cour impériale de Rennes le 16 juin 1858. (Teulet et Camberlin, *Journal des tribunaux de commerce*, t. ix, p. 191.)

Requête civile ; — indépendamment du jugement de Marseille du 24 mai 1822 cité plus haut, un jugement du tribunal de commerce de la Seine du 23 mai 1860, confirmé par un arrêt de la cour impériale de Paris du 13 août 1860. (Teulet et Camberlin, recueil cité, t. ix, p. 316 et 445.)

Nous ne prétendons pas faire une statistique impossible en recherchant toutes les décisions rendues sur ces matières par les 219 tribunaux de commerce de France. Nous espérons seulement démontrer par ces exemples combien peu souvent les tribunaux les plus chargés d'affaires ont à statuer sur ces questions. (*Note écrite après le concours.)*

journement; si bien que le ministère public devrait
conclure d'office dans toutes les demandes excédant
200 francs. Et conclure à quoi? — A ce que la loi
soit appliquée, probablement; c'est-à-dire à ce
que le débiteur condamné puisse être mis en pri-
son, car la loi du 17 avril 1832 est formelle : « La
» contrainte par corps sera prononcée, sauf les
» exceptions ci-après, contre toute personne con-
» damnée pour dette commerciale au paiement
» d'une somme de 200 fr. et au-dessus. » Les exceptions sont fondées sur la qualité de certaines
personnes sur laquelle il est facile de s'éclairer
sans le secours d'un jurisconsulte éminent. Le ministère public serait donc forcé de conclure dans
une quantité immense d'affaires pour demander
l'application d'une loi qui s'applique toute seule,
car elle est d'une clarté si limpide qu'elle ne donne
lieu à aucuns débats, même de la part de ceux qui
en subissent les rigoureux effets [1].

Muet dans les affaires qui ne se présentent jamais, inutile dans celles qui se présentent trop
souvent, le ministère public aura donc à prendre
les intérêts des femmes mariées et des mineurs
non commerçants, des absents et de l'Etat. Or, les

---

[1] Il est d'ailleurs probable que d'ici peu de temps la contrainte par corps
n'existera plus qu'à l'état de souvenir. Si cette occasion de prendre la parole est enlevée au ministère public, ses fonctions à l'audience seront bien
réduites, même en théorie. (*Note écrite en 1865*).

causes qui les intéressent sont exceptionnelles au tribunal de commerce, et jusqu'ici on ne peut accuser les tribunaux consulaires de n'avoir pas été les sévères gardiens des intérêts de ces personnes, sans qu'il ait été besoin de les exciter à faire leur devoir. De la longue liste que nous avons transcrite, il reste les affaires concernant les faillites dans lesquelles le ministère public pourrait avoir à conclure d'une manière utile. Mais, parmi celles-là, il faut faire une distinction. Le tribunal peut avoir à prononcer sur deux séries de faits bien distinctes. Il s'agira des formalités de la faillite, telles que le jugement déclaratif, ceux qui fixent l'époque de la cessation des paiements, **qui** nomment ou remplacent le juge commissaire ou les syndics, qui homologuent le concordat quand il n'y a pas d'opposition, qui déclarent la faillite close pour cause d'insuffisance d'actif, etc. Ce sont là les véritables incidents de la faillite, ceux qui se présentent nécessairement. A cet égard, les dispositions de la loi sont telles que la présence d'un jurisconsulte est inutile pour les faire sainement appliquer. Dans beaucoup de cas, le tribunal n'a qu'à sanctionner la volonté des créanciers ou à constater un fait. Ou bien il s'agira de contestations qui naissent à propos d'une faillite; de la poursuite d'un débiteur par le syndic, de la contestation d'une créance, d'un privilége ou d'une hypothèque, par exemple. Ce sont là des affaires ordinaires, si bien que leur nature peut les entraîner devant le tribunal civil où elles ne sont point communicables par cela seul qu'elles se rattachent à une faillite. Pourquoi en serait-il autrement au tribunal de commerce qui ne peut juger que des difficultés qui reposent sur des actes de commerce et qui est forcé d'attendre que les intérêts civils soient appréciés par les juges compétents?

Nous arrivons donc à conclure que le ministère public aura si rarement à prendre la parole d'office, que sa présence sera inutile s'il n'a pas d'autres occasions de la signaler. — Mais il pourra prendre communication de toutes les causes où il jugera son intervention nécessaire; le tribunal pourra même ordonner la communication d'office (art. 83 du code de procédure civile). — De sorte que les services qu'il pourra rendre seront tout-à-fait à sa propre discrétion. L'institution sera subordonnée à l'homme, la charge à l'individu. Dans les tribunaux où l'on pourra rencontrer un magistrat parfait, l'institution rendra les plus grands services. Ailleurs, où l'emploi sera rempli par un homme apathique, elle sera inutile. Ailleurs encore, elle deviendra dangereuse par suite d'une ardeur mal contenue. Cependant, supposons la perfection ; (quand on fait de la théorie, il faut bien se garder

d'accrocher son système aux imperfections inséparables de la nature humaine); le ministère public
aura-t-il souvent lieu d'intervenir dans les causes
ordinaires à sa volonté ou à celle du tribunal? —
Non. — Si les affaires expédiées par les tribunaux
de commerce sont infiniment plus nombreuses que
celles qui sont soumises aux tribunaux civils [1], il
y en a fort peu qui soient plaidées, et encore
moins qui supportent une discussion juridique. Les
jugements par défaut, ceux qui constatent l'accord
des parties, tiennent une grande place dans la
multiplicité, et sur le reste il faut encore déduire
l'énorme quantité des causes qui ne peuvent être
jugées qu'en fait, les contestations sur des factu-
res, les demandes en paiement d'effets de commerce réguliers, etc. Ces déductions opérées, il
surgira fort peu de questions de droit dans les
autres affaires. Sur celles-ci, il faut faire encore
une distinction. La question qui s'élèvera reposera
sur le droit commercial ou sur le droit civil. Dans

---

[1] En 1863, 116,614 affaires ont été enrôlées aux tribunaux civils et
220,747 aux tribunaux de commerce. Sur 226,915 affaires terminées en
1863 par les tribunaux consulaires, 57,569 l'ont été par jugements contradictoires; 105,070 par des jugements par défaut; 46,276, par désiste-
ments, transactions, etc.

Les quatre cinquièmes des affaires contentieuses jugées par les tribunaux de commerce étaient de minime importance. 29,349 seulement, le
huitième environ, portaient sur des intérêts supérieurs au taux du dernier
ressort. (Rapport sur les travaux des juridictions civile et commerciale
pendant l'année 1863. V. *Gazette des Tribunaux* du 7 juin 1865.)

le premier cas, de beaucoup le plus fréquent, puisque nous sommes en matière de commerce, ce sera le tribunal qui apprendra le droit au magistrat du ministère public, ou du moins, il ne souffrira pas de leçons lorsqu'il se croira passé maître. Dans le second cas seulement, le ministère public aura toute latitude. Mais il n'en reste pas moins démontré qu'à l'audience, ses fonctions ne seront qu'exceptionnellement possibles et d'une utilité si petite qu'il serait dérisoire de créer plus de deux cent vingt magistrats pour les faire assister aux débats des commerçants.

Il serait plutôt à craindre qu'ils ne se lassassent d'un rôle trop effacé et qu'ils ne voulussent prendre une part trop active aux débats. Alors ils ne seraient plus inutiles, ils pourraient devenir dangereux. On ne pourrait pas instituer près de chaque tribunal de commerce un parquet quelconque, dépendant ou indépendant du procureur impérial de l'arrondissement, sans donner aux magistrats de ce parquet une compétence criminelle. Il faudra qu'ils aient le droit de rechercher la fraude et de la faire punir quand ils l'auront rencontrée. N'est-il pas à craindre qu'inoccupés par ailleurs, ils ne mettent trop de passion à cette recherche?

La nature des affaires commerciales se prête un peu à de pareilles investigations. Les négociants sont presque tous des gens parfaitement honorables (la bonne foi du commerce était jadis proverbiale); mais la morale des affaires est plus élastique que celle de la philosophie, de la religion et de la loi. Si quelqu'un entasse des marchandises pour les revendre fort cher quand la disette s'en fera sentir, il commet une mauvaise action aux yeux du sage; le vulgaire lui-même la qualifie d'accaparement; le négociant le plus honnête l'appelle une heureuse spéculation et la tente le plus souvent possible. Celui qui expédie des denrées d'une nature inférieure sous une enveloppe qui peut faire croire qu'elles sont parfaites, commet le délit de tromperie sur la qualité de la marchandise; dans le commerce, ce fait porte seulement le nom de concurrence déloyale. Cet autre qui prête son argent au taux légal, mais qui, par suite de commissions, renouvellements de titres et le reste, fait payer à ses débiteurs un intérêt ridiculement élevé, commet le délit d'usure. Le gain excessif est prohibé par la philosophie et par la religion, parce que les profits exagérés ne s'acquièrent jamais sans préjudice pour quelqu'un ou pour le plus grand nombre [1]. Nous ne voyons point que

---

[1] « La probité! Où est-elle dans le commerce? Et cependant qui voudrait être considéré comme un voleur? Alors on a imaginé des expédients, on voile, on gaze, on déguise la fraude. Pour une conscience droite et simple, c'est, en bon français, de la fraude; c'est un vol manifeste, puisque c'est une tromperie positive; dans le monde, cela s'appelle savoir faire commercial. La vigne serait bien étonnée si elle pouvait savoir

les grandes fortunes, *trop rapidement* acquises dans le commerce, empêchent leurs bienheureux possesseurs d'avoir l'estime, la louange et même l'envie de leurs collègues. Au contraire, leur crédit s'augmente et on tient leur connaissance à honneur..... Mais viennent les revers!.... Comme la morale et la philosophie sont vengées! Quel concert d'invectives..... jusqu'à ce que la fortune soit de nouveau favorable!

Les causes commerciales dans lesquelles la morale et même la loi reçoivent une atteinte ne sont pas rares. Les affaires qui les motivent sont trop habituelles; mais rien dans ce monde n'est sans défaut. Le commerce a celui de ne comporter qu'une moralité relative; de n'avoir pour mobile, de la part de ceux qui s'y livrent, que l'intérêt; de mettre l'argent à la place de la satisfaction que procure le devoir accompli. Mais comme il donne l'existence au corps social tout entier; comme il est l'agent le plus actif de la civilisation et du progrès; comme, sans lui, la société s'étiolerait ainsi qu'un homme privé de mouvement, il faut bien le prendre comme

» ce que l'on vend quelquefois pour du vin..... — Alors il faut sortir du
» commerce? — Je suis loin d'adopter cette conclusion. Je dis, au con-
» traire, qu'il faut rester dans le commerce et y demeurer parfait honnête
» homme. En demeurant parfait honnête homme, on jouit de la considé-
» ration générale, on fait une fortune raisonnable et on a la conscience
» tranquille. Je défie la fraude la plus habile et la plus savamment combi-
» née de produire de pareils résultats. » — *Conférences* de M⁵ʳ Landriot.
évêque de La Rochelle et de Saintes. — *La Femme forte*, 14ᵉ entretien.

il est et lui passer ses défauts pour profiter de ses services. Si le parquet commercial voulait regarder de trop près à ses affaires, ou plutôt les voir sous un aspect qu'elles ne comportent pas, le commerce ou le commerçant s'insurgerait ou s'arrêterait. Dans les deux cas ce serait un malheur. Et ce malheur arrivera si nous supposons près du tribunal de commerce un magistrat par trop imbu des principes de la morale et de la sagesse absolues, et qui ne connaîtra pas suffisamment la pratique des affaires. Il verra la fraude quand le commerçant, quand le tribunal ne verront que la bonne foi. De là des tiraillements funestes et des conséquences plus funestes encore si le magistrat agit au criminel. Et cependant, nous devons le dire, la fraude véritable sort toujours impunie du tribunal de commerce qui ne peut que faire perdre le procès au coupable en lui infligeant dans le jugement une honte qui ne le fait plus rougir. Des faits qui comportent la fraude, même commerciale, quoique assez rares, sont regrettables. La présence d'un magistrat les ferait-elles complètement cesser; en arrêterait-elle la fréquence et l'audace ?... Qui oserait le dire ?... Ce ne serait pas un épouvantail pour cette tourbe qui s'agite dans les bas-fonds de la société commerciale et qui ne soutient son existence que par les affaires les plus scabreuses. Pour ceux qui, dans une position aux dehors honorables, oublient les lois de la délicatesse en même temps que le code pénal, et qui ne peuvent recevoir qu'un châtiment moral du tribunal de commerce, s'ils ne sont pas punis, ils sont au moins dévoilés. La publicité des audiences, leurs échos qui se prolongent à la Bourse, avertissent les honnêtes gens que celui qui voulait passer pour un des leurs les trompait. Dès lors l'intérêt infligera au coupable la peine que la morale outragée réclamait. Il sera mis hors la loi des affaires, et ceux qui en feront avec lui agiront bien à leurs risques et périls.

Résumons donc les fonctions du ministère public à l'audience. Il prendra la parole pour enseigner le droit dans des cas exceptionnels; il devra être d'une sobriété excessive en fait de poursuites criminelles; il sera donc à l'audience d'une inutilité, sinon absolue, du moins très-grande. En sera-t-il autrement en dehors du prétoire? Pourra-t-il avoir une action extrajudiciaire quelconque? — Oui, dit-on, dans les faillites. Son influence heureuse se ferait sentir surtout au début, pour empêcher le tribunal de déclarer intempestivement la faillite; plus tard, dans toutes les opérations, pour signaler et pour faire punir les fraudes qui ne manquent pas de se produire.

Tous les auteurs veulent assurer une large part au ministère public dans la déclaration de faillite.

Quoi, s'écrient-ils, c'est l'acte le plus grave et le plus funeste qui puisse arriver dans la vie commerciale. A cet instant le tribunal de commerce est armé d'un pouvoir exceptionnellement rigoureux, puisque, d'un mot, il arrête une situation commerciale, prononce un emprisonnement et inflige une honte qui ne s'efface pas, sans pouvoir prendre aucun renseignement qui puisse l'avertir qu'il va faire fausse route, qu'il va frapper un innocent; et la voix de la société ne peut se faire entendre pour lui crier d'arrêter, d'attendre au moins la lumière !

C'est là de la théorie pathétique, c'est-à-dire de l'espèce la plus dangereuse. Pour nous, la coopération du ministère public au jugement déclaratif nous semble parfaitement inutile. En effet, il y a trois moyens de faire déclarer une faillite. Le commerçant dépose lui-même son bilan au greffe; ou bien le tribunal est saisi par la demande d'un créancier; ou bien, enfin, dans des circonstances très-rares, il prononce d'office. Dans le premier cas, c'est le commerçant qui se met lui-même en faillite. La société n'a pas besoin de le protéger, puisqu'il demande lui-même à être soumis au régime de la faillite. Avec la loi actuelle, on ne prend pas une pareille détermination pour son plaisir. Le dessaisissement, l'administration des syndics, l'éventualité du contrat d'union et de l'inex-

cusabilité ne sont point des choses auxquelles on
s'expose sans y être absolument forcé. La faillite
n'enrichit plus. Quand le commerçant vient lui-
même la demander, il y a tout lieu de croire qu'il
est sincère. Que fera le ministère public de plus
que le débiteur et le tribunal? Quels renseignements faut-il en outre de ceux qui sont contenus
dans le bilan? Il n'est pas de pièce plus tristement
éloquente. S'il n'est pas sincère, on ne pourra s'en
apercevoir que plus tard, et la punition sera alors
facile.

Est-ce un créancier qui demande la mise en
faillite de son débiteur? Le ministère public n'é-
clairera pas plus le tribunal que la discussion qui
est ouverte entre le débiteur et le créancier. Car il
n'y a pas deux manières d'être en faillite. Il faut
avoir cessé ses paiements. La déclaration n'est donc
que la constatation d'un fait. Si l'époque à laquelle
il se produit n'est pas toujours facile à déterminer
avec précision, le fait lui-même est brutal. On paie
encore ou on ne paie plus. Le jurisconsulte le plus
habile ne fera pas trouver d'argent dans des coffres
vides.

Sa parole sera également sans objet, dans le cas
où le tribunal rend le jugement d'office, c'est-à-
dire quand la cessation des paiements est notoire.
Dans cette hypothèse, le commerce se plaint généralement de la lenteur avec laquelle le tribunal

procède à la déclaration de faillite, qui laisse à la mauvaise foi le temps de faire de nouvelles dupes. Il ne faut pas s'y tromper. Une fois que la position du débiteur est dévoilée, il s'agit de marcher vite, sans perdre de temps à prendre des renseignements qui viendront eux-mêmes dans la suite. En fait, le tribunal de commerce se trompe bien rarement quand il déclare une faillite. La catastrophe s'annonce longtemps à l'avance par des signes auxquels on ne peut se méprendre. L'horizon est chargé de nuages, c'est-à-dire de protêts et de demandes en règlements de compte, bien avant que la foudre vienne à tomber. Le tribunal commet-il parfois une erreur ? Les présages étaient-ils menteurs ? Les coffres étaient-ils suffisamment garnis ? Le jugement est rapporté. Le débiteur malheureux n'a point besoin d'autre appui que lui-même. Personne n'est plus intéressé que lui à éviter la faillite. S'il faut qu'il s'y résigne, que pourrait faire le ministère public sinon empêcher la loi d'avoir son cours et créer des difficultés embarrassantes dans des situations commerciales qui ne supportent pas l'incertitude ? Éloignons-le donc du jugement déclaratif où il ne peut rien empêcher et où la force des choses l'amènerait peut-être à demander plus de rigueurs que le tribunal de commerce n'en déploie.

Sera-t-il plus nécessaire dans la suite ? — Il ne

pourra qu'exercer la surveillance que la loi attribue au procureur impérial d'arrondissement. Dans l'état actuel de la législation, le ministère public peut être présent à toutes les opérations de la faillite. On doit toujours lui en rendre compte. Il paraît même suffisamment informé de ce qui se passe, car les tribunaux de police correctionnelle ne manquent point de banqueroutiers simples à condamner. Parfois même on traduit des banqueroutiers frauduleux devant la cour d'assises et, s'ils sont presque toujours acquittés par le jury, ce n'est pas par suite de l'insuffisance de la loi. On peut donc dire que le parquet fait bien son devoir et que son intervention dans les faillites est suffisante. Il dépend, d'ailleurs, du procureur impérial de la rendre plus active ; la loi lui en donne le moyen.

En dehors des faillites, qui tiendraient, il est vrai, une certaine place dans les attributions du ministère public commercial, forcé qu'il serait d'assister à toutes les opérations, il est difficile de lui trouver des attributions extrajudiciaires ou administratives importantes. Jusqu'ici on s'en est bien passé sans que la justice commerciale ou criminelle ait eu à en souffrir.

N'ayant que très-rarement la possibilité utile de porter la parole à l'audience, sans autres attributions essentiellement nécessaires, le ministère pu-

blic serait donc à peu près inutile. Cette inutilité
doit faire repousser tout-à-fait l'institution, si,
par ailleurs, elle offre des dangers sérieux et des
impossibilités pratiques. Depuis longtemps, on a
fait contre elle des objections dont quelques-unes
ne manquent pas d'une grande puissance, si elles
ne sont pas toutes sérieuses. On a dit, par exemple,
que l'introduction de ce nouvel élément nuira à la
simplicité des tribunaux de commerce et à la rapidité d'expédition des affaires. Pour être juste, nous
ne croyons pas cela fondé. Nous avons démontré
que le représentant de la loi aura très-rarement à
l'expliquer au tribunal, l'immense majorité des
affaires s'expédiant sans discussion juridique. Dans
les affaires communicables, le plus souvent, un
simple visa sur le dossier suffira pour constater
que le ministère public s'en rapporte à la justice.
Dans les cas exceptionnellement rares où il dési-
rera participer aux luttes oratoires, nous croyons
connaître assez les magistrats consulaires pour
être convaincu qu'ils donneraient tout le temps
nécessaire à la bonne expédition de l'affaire.
Quoique leurs fonctions soient gratuites, il faut leur
rendre cette justice qu'ils ne sont avares ni de leur
temps, ni de leurs peines. Ils ne craignent pas de
dépasser l'heure réglementaire de leurs séances,
ni de tenir des audiences extraordinaires quand la
bonne administration de la justice le réclame. Ils

feraient, assurément, dans l'intérêt de la loi, ce qu'ils font dans celui des justiciables. Les affaires seraient expédiées avec la même simplicité, avec la même rapidité; d'autant plus que, dans la majeure partie des tribunaux de commerce, le temps manque moins que les affaires.

Si l'on peut dire que cette objection est sans portée, il n'en est pas de même de celle qui consiste à prétendre que la présence du ministère public au tribunal de commerce y créera un conflit d'éléments distincts. Celle-ci est grave. Il ne faut pas connaître la nature humaine pour nier ce qu'elle a de sérieux. Il est évident que le magistrat chargé de remplir le rôle du ministère public sera d'une nature différente de celle des juges. Il n'en sera pas là comme dans les tribunaux civils où tous les membres sont de la même famille, ont la même origine et la même fin. Au commerce, les uns seront électifs, l'autre sera nommé. Ceux-ci seront commerçants, celui-là sera un magistrat qui se rattachera au parquet. Or, il faut ignorer les personnes et les choses pour ne pas apercevoir qu'il y a hostilité entre le commerce et le parquet. Si on réunit ces éléments d'une façon inséparable, des conflits se produiront inévitablement. Quel en sera le résultat? — Il sera différent suivant les circonstances. Dans le plus grand nombre des tribunaux, le représentant du parquet, gradué en droit, d'une éducation soignée, dans une position importante pour la localité, prendra en pitié et regardera comme bien inférieurs à lui ces marchands qui laisseront leurs boutiques pour venir interpréter une loi qu'ils n'auront jamais lue. Ceux-ci auront, peut-être, conscience de leur infériorité; ils deviendront alors les très-humbles serviteurs du ministère public qui sera désormais le seul juge. Que sera alors l'institution consulaire elle-même ? Ailleurs, et surtout dans les tribunaux importants, quand les juges seront vraiment les capacités les plus éclatantes du commerce, ils regarderont le magistrat qu'on placera auprès d'eux pour les guider, comme un intrus, ayant la prétention exorbitante de vouloir comprendre les choses commerciales qu'il n'a jamais eu occasion de connaître. Ils l'annihileront complétement dès ses premiers pas, et alors, quelle sera sa position? L'abaissement du tribunal devant un magistrat, ou l'abaissement du magistrat devant un tribunal; l'humiliation de la justice ou celle d'une personne honorable, tel est le résultat auquel on arrive invinciblement. On a donc eu raison de dire qu'il se produirait des conflits d'éléments qui rendraient l'institution que l'on réclame pleine de dangers. Nous en avons signalé d'autres qui ont bien leur importance [1].

[1] On dit encore que si la position devient trop tendue, on en référera à

Presque inutile et dangereuse, elle n'est pas non plus possible en pratique. Où prendre, en effet, l'officier chargé de représenter le prince et la loi devant les tribunaux de commerce? De nombreux systèmes ont été présentés et réfutés. On a voulu faire remplir ces fonctions par un des juges. On a répondu avec raison que le but serait manqué, car ce que l'on veut, c'est faire indiquer le droit au tribunal, et le juge chargé de le faire n'offrira pas plus de garanties juridiques que ses collègues.

Carré[1] a proposé qu'il fût nommé par les commerçants, sur une liste de candidats, dressée par les magistrats du siége consulaire près duquel il aurait à exercer ses fonctions. Il devrait être inamovible et salarié. Homme de loi en même temps que négociant, il devrait être licencié en droit et avoir travaillé pendant un certain temps dans le comptoir d'un négociant d'une ville maritime. — On objecte qu'il n'est pas d'usage de conférer l'inamovibilité et de donner des appointements à un fonctionnaire élu; que le représentant du prince

la Chancellerie et qu'enfin le tribunal pourra se retirer, si la Chancellerie ne se prononce pas en sa faveur. On transforme ainsi le sanctuaire de la justice en un champ-clos réservé à la lutte entre les magistrats. Mais quand un tribunal de commerce, vaincu dans le tournoi, aura donné sa démission, nous défions toute espèce de pouvoir de trouver à le remplacer, si ce n'est par des hommes plus hostiles encore à la personne qui aura chassé les premiers. On ne peut, d'ailleurs, faire des élections à tout instant. Les juges du commerce ne sont déjà pas si faciles à trouver.

[1] *Lois de l'organisation et de la procédure.* Édition de 1826, t. II, p. 481.

doit être choisi par lui et non sortir de l'election. Ces raisons nous touchent peu, parce qu'elles sont de circonstance et d'une nature toute administrative. Les tribunaux consulaires sortent de l'élection, agissent au nom du souverain qui leur délègue une partie de sa puissance, et leur justice n'est pas plus mauvaise. Le système de Carré doit être rejeté, parce qu'il est trop bon. Les qualités qu'il demande dans le magistrat sont si précieuses, qu'elles sont presque impossibles à rencontrer. Aucun avocat n'ira perdre dans le comptoir d'un négociant les plus belles années de sa jeunesse, pendant lesquelles la clientèle se forme, dans la vue d'une élection toujours problématique. Quant aux licenciés en droit qui sont dans le commerce, ils n'ont déposé leur robe que pour embrasser une carrière lucrative, qu'ils n'abandonneront point pour exercer des fonctions parfaitement honorables, mais nécessairement peu rétribuées.

M. Nouguier veut un véritable procureur impérial, nommé par le chef de l'État, révocable, ayant au besoin des substituts et pouvant dicter des poursuites à son collègue du tribunal d'arrondissement, lorsque l'exercice de ses fonctions lui ferait découvrir des actions criminelles. Ce système amène tout naturellement à la suppression des tribunaux de commerce. C'est dans ces circonstances surtout que le procureur impérial sera le maitre absolu du tribunal (dès lors il n'en est plus besoin), ou qu'il surgira de telles difficultés entre les juges et le magistrat que l'administration de la justice deviendra impossible.

M. Paringault [1] propose de détacher un substitut du parquet du tribunal civil au tribunal de commerce [2]. Son idée est économique; mais c'est tout le mérite que nous lui reconnaissons. Le droit commercial, ainsi que les habitudes du commerce, sont complétement étrangers aux magistrats du parquet. Quelques-uns ont la franchise d'en faire l'aveu. Quelque soit l'homme désigné comme substitut au tribunal consulaire, il faudra qu'il y fasse son éducation commerciale. Pour rendre des services importants, il faudra qu'il se mette au courant de la jurisprudence spéciale du tribunal pour en maintenir autant que possible l'unité, si elle est conforme à la loi, pour tenter de la faire modifier, si elle mauvaise. Pour cela il ne suffit pas de quelques mois, surtout dans les siéges inoccupés. Quand le substitut commencera à se mettre au courant des affaires, le roulement du tribunal civil l'y rappellera; son avancement pourra même l'éloigner avant l'expiration du temps qu'il doit consacrer au tribunal de commerce. Le ministère

---

[1] *Revue pratique du droit français*, t. viii (1859).

[2] C'est le système de M. Boileux (Introduction aux *Faillites et banqueroutes* de Boulay-Paty), qui veut un parquet complet dans les grandes cités commerçantes et un magistrat détaché dans les autres.

public commercial sera donc continuellement dans
la position d'un homme qui assiste à une conver-
sation tenue dans une langue étrangère dont il ne
connaît que quelques mots; et s'il veut s'y mêler,
il pourra faire souvent des barbarismes. Dans la
plupart des tribunaux d'arrondissement, les jeunes
substituts qui débutent dans la carrière ne sont
pas encore des légistes bien consommés; et dès
l'entrée, l'application du droit criminel, qui fait
leur principale occupation, les éloigne du droit
civil. Il sera donc impossible au magistrat juriste
d'enseigner le droit à l'audience. Dans ce système,
comme dans celui de M. Nouguier, on se préoccupe
surtout des poursuites criminelles qu'on croit voir
surgir dans toutes les affaires commerciales. Si on
suivait cette tendance, le commerce verrait ses
jours comptés. On laisse de côté l'éducation juridique du tribunal qui est le but principal à atteindre. On n'y parviendra pas en envoyant un substitut qu'on dérangera de ses occupations, qu'on fera
même promener d'une ville à l'autre, quand les
tribunaux civil et de commerce ne seront pas au
même lieu; alors sa mission deviendra une corvée
et il n'apportera aucun zèle à la remplir. Enfin les
rapports de bienveillance qu'on doit désirer entre
tous les magistrats du même siége ne pourront
jamais s'établir entre les juges et des personnes
qu'ils verront un jour et qui seront renouvelées le

lendemain. Si bien, que l'institution presque inutile par elle-même, le deviendrait complétement par la manière dont elle serait pratiquée.

Des difficultés jusqu'ici insurmontables nous font donc repousser entièrement l'établissement du ministère public près les tribunaux de commerce. Nous ne le faisons pas sans regret. Nous aimerions à voir un magistrat représenter la science juridique dans une enceinte où elle ne brille pas toujours. Nous aimerions à voir le tribunal demander parfois au ministère public la solution d'une question de droit embarrassante ou à entendre le magistrat mettre les juges en garde contre une erreur qu'ils pourraient involontairement commettre. En portant nos regards en arrière, en rappelant nos souvenirs, nous nous demandons si l'ancienne *Conservation* de Lyon ne nous offrirait pas le modèle d'une institution que l'on approprierait facilement aux idées modernes et dont on pourrait attendre de bons résultats. Le magistrat chargé de remplir les fonctions du ministère public serait élu par le tribunal lui-même. En ne rendant éligibles que les licenciés en droit et en forçant les candidats à justifier d'un stage près d'un tribunal de commerce, on donnerait à la loi toutes les garanties qu'elle peut désirer. Créé par le tribunal, révocable par lui, ce magistrat ne serait pas tenté d'élever autel contre autel ni de faire un zèle malen-

contreux et funeste. Il se tiendrait forcément dans
la sphère de ses attributions. Convenablement
rétribuée, suivant l'importance des tribunaux, une
pareille fonction, parfaitement honorable, serait
enviée. Il ne manquerait pas de sujets désireux de
se faire une position qu'il dépendrait d'eux de rendre à peu près inamovible. Mais que serait un
pareil fonctionnaire? Serait-ce un magistrat du
parquet ou du commerce? — On pourrait facilement lui donner une double nature. Quand la loi
lui aurait assuré une indépendance complète dans
ses fonctions au tribunal de commerce, il devrait
tenir son investiture du chef de l'État. Nous ne
verrions pas même d'inconvénients à ce qu'il fût
élu par le tribunal de commerce, sur une liste de
candidats présentée par le procureur impérial de
l'arrondissement. Il serait hiérarchiquement soumis au procureur-général du ressort et même au
procureur impérial de l'arrondissement, qu'il devrait informer de tous les cas qui lui paraîtraient
criminels, en lui laissant le soin de les qualifier et
de les poursuivre, si bon lui semblait, et auquel il
serait tenu de faire tous les rapports des faillites.
En cas d'absence, il pourrait être momentanément
remplacé par un substitut ou un juge suppléant du
tribunal civil. Au bout de quelques années, on aurait ainsi une magistrature éclairée, point pas-
sionnée, qui rendrait les meilleurs services.

Ces idées ne sont pas entièrement nouvelles. Émises lors de la discussion du code de commerce, elles ont été réfutées depuis. On a dit surtout qu'un tel ministère public, nommé par les juges, révocable par eux, serait dans leur dépendance; qu'il ne viendrait que comme un vassal dans le prétoire consulaire. — Voudrait-on qu'il y vînt en suzerain ? Nous croyons avoir démontré qu'il faudra que quelqu'un ait la seconde place. Nous préférons voir la première toujours occupée par ceux qui rendent la justice plutôt que par celui qui la fait rendre. Le ministère public au tribunal de commerce ne doit être que l'avocat de la loi, et, comme tel, avoir la prééminence sur les avocats des justiciables. Il ne peut prétendre devenir l'égal des juges.

Mais comment admettre qu'on nommerait et qu'on paierait peut-être deux cent trente magistrats[1] qui ne dépendraient pas absolument d'un supérieur dans l'ordre judiciaire, qui seraient dans les mains du commerce, et pour un service d'une utilité très-contestable ! Abandonnons donc l'idée du ministère public comme impraticable, ainsi que nous l'avons repoussée comme inutile et dangereuse.

Si on ne peut trouver le moyen d'enseigner le droit aux magistrats consulaires à l'audience, est-

[1] Il serait nécessaire de créer des substituts à Paris et dans les grandes villes.

il néanmoins possible d'avoir des hommes plus à même de comprendre les matières juridiques, dès qu'ils arrivent au tribunal ? Nous ne voyons de solution à ce problème qu'en développant l'éducation première, en lui faisant comprendre des études de droit pas trop étendues, mais sérieuses.

Il se rencontre, sans doute, parmi les commerçants, des hommes d'une grande intelligence, assez bien doués par la nature et assez instruits pour se maintenir sans efforts à la hauteur de toutes les circonstances. On trouve de ces hommes en assez grand nombre pour que les hautes positions dans lesquelles ils sont appelés à représenter le commerce soient toujours honorablement occupées. Mais ces intelligences d'élite, ces hommes nourris par une grande éducation, sont les exceptions, assez nombreuses, il est vrai, du commerce. Le reste peut contenir des intelligences très-perfectibles, mais qui ont besoin de travaux et d'efforts pour acquérir ce que l'éducation leur a refusé. Pour appliquer ces vérités au sujet qui nous occupe, il est certain qu'un commerçant auquel on n'a donné aucune notion de droit civil pendant qu'il faisait ses études, qui depuis n'a jamais eu l'occasion, ni le temps, ni la pensée d'ouvrir un code, se trouvera complétement dépaysé quand on lui demandera d'appliquer une loi qu'il n'a jamais lue, dont il ne connaît ni les causes ni les effets. Si cependant il est destiné à juger un jour ses concitoyens, pourquoi ne lui rendrait-on pas sa tâche plus facile en lui enseignant, à l'âge où l'on retient ce que l'on apprend, ce qu'il sera forcé d'étudier plus tard ? Un cours de droit fait au Lycée ne serait assurément inutile pour personne. Nous ne le réclamons pourtant que pour les élèves qui se destinent au commerce. Depuis quelques années, une haute sollicitude s'occupe activement de fortifier la spécialité de l'instruction commerciale. On s'efforce de créer un enseignement secondaire à côté des études humanitaires. Cette pensée répond à un besoin réel. Jusqu'ici les études commerciales avaient été considérablement négligées dans les établissements d'instruction[1]. Les écoles préparatoires n'étaient peuplées que des élèves les plus paresseux et les plus ineptes. Ce sera donc rendre service à la société commerciale que de lui fournir des hommes qui auront fait des études suffisantes pour leur permettre de comprendre ce qu'ils ne sauraient pas.

[Dans le programme du nouvel enseignement, nous voyons figurer l'étude de la législation usuelle. On ne saurait trop applaudir au but qu'on s'est proposé, « de donner les connaissances nécessaires au » citoyen dans toutes les carrières et les notions » générales du droit que les agriculteurs, les indus-

---

1 Nous ne parlons pas des établissements spéciaux pour le commerce où les études ont toujours été sérieuses et fortes.

» triels et les négociants ont besoin de posséder¹. »
Toutefois, si une légère critique nous est permise,
nous pensons que les matières du programme sont
trop nombreuses pour être enseignées avec succès
dans le courant d'une seule année. Pour que l'élève
retienne un peu, il faut dire beaucoup; et pour que
le professeur puisse traiter toutes les questions du
cours, il faut nécessairement qu'il se borne à les
effleurer. Il est à craindre alors que sa parole ne
pousse pas des racines assez profondes dans l'esprit de ses jeunes auditeurs et qu'elle y fasse naître
une certaine confusion à la place de la clarté qui
doit régner dans une étude élémentaire.

Nous voudrions donc voir, dans les établissements d'instruction, l'étude du droit se continuer
pendant deux années. Dans une première période,
qui comprendrait au moins la moitié de la première
année, on étudierait les matières dont la connaissance est nécessaire à tous et qui forment le premier numéro du programme; c'est à dire tout le
code civil. On pourrait même combler quelques
lacunes qui existent dans l'enseignement officiel
d'aujourd'hui et parler un peu des successions, du
contrat de mariage et de la prescription. Ce sont
des matières tellement pratiques qu'il n'est pas
permis de les ignorer; en outre, il est quelques par-

¹ Observations qui accompagnent le programme de M. le Ministre de
l'instruction publique.

tics des lois spéciales qui font l'objet du cours,
qu'il est impossible de bien comprendre sans avoir
une idée très-nette des droits des héritiers et des
époux. Il faudrait aussi, à notre avis, autre chose
que des *notions générales* sur les obligations. Cette
partie du droit a une importance si grande dans
les affaires que des définitions ne suffisent pas. Mais
nous comprenons qu'on a dû élaguer les choses
même essentielles au profit des indispensables.
Toujours est-il qu'il serait à désirer qu'on prît le
temps d'incruster dans l'esprit des jeunes gens tous
les principes sur lesquels reposent toute la science
et toute la pratique.

Cela fait, et dans une seconde période, on abor-
derait les applications particulières du droit à l'a-
griculture, au commerce et à l'industrie; enfin, on
pourrait faire une excursion sur les domaines du
droit administratif ou constitutionnel. Ici, sans
entrer dans tous les détails de la doctrine et de la
jurisprudence, qui pourraient fausser l'esprit des
jeunes gens par leurs contradictions, on aurait le
temps d'approfondir les questions les plus usuelles,
de telle façon que, plus tard, la pratique soit plus
facile et moins machinale.

Quoi qu'il en soit, malgré ces légères imperfections, l'enseignement sérieux du droit est une innovation des plus heureuses;[1] et, dans la matière

---

[1] Si cet enseignement existe réellement et s'il ne reste pas ainsi lettre morte.

spéciale qui nous occupe, nous ne doutons pas qu'elle ne produise les plus heureux résultats.] Quand un jeune homme, ayant fait de bonnes études juridiques, connaissant bien les principes généraux sur lesquels repose toute la science, arrivera au tribunal de commerce, la solution des rares questions de droit civil qui se présenteront devant lui ne lui semblera pas impossible. Il les étudiera avec confiance. Il ne craindra pas de se tromper; car, quels que soient les progrès que l'on suppose à la science, ils ne peuvent l'éloigner des principes de justice et de vérité qui sont la source de la législation et la base de l'enseignement. En tout cas, les premières paroles qui frapperont son oreille à l'audience ne seront pas prononcées dans une langue tout à fait étrangère. Il se rappellera en avoir reçu les notions, en avoir parlé les mots avec lesquels on se fait comprendre, et les services qu'il rendra à la justice seront d'autant plus grands qu'il n'aura pas à faire une éducation complète au tribunal, qu'il n'aura qu'à rappeler ses souvenirs pour ne pas s'égarer.

Voilà donc un moyen presque assuré de fortifier puissamment dans l'avenir les connaissances juridiques des magistrats consulaires. On pourrait, d'ailleurs, compléter ce système d'éducation du commerçant. Que dans chaque ville où cela sera jugé nécessaire, le Gouvernement... mieux encore, que les Chambres de commerce, comme à Bordeaux, ou que les municipalités, comme au Havre, établissent un cours de droit à l'usage du commerce. L'éducation première reçue sur les bancs de l'école se complètera là de la manière la plus heureuse. Le professeur, choisi parmi les membres du barreau de la ville, homme d'affaires expérimenté, pourrait être d'un grand secours pour tous ceux qui seraient désireux de s'instruire, soit qu'il fît un cours complet, profondément raisonné, soit qu'il se bornât à traiter les questions les plus usuelles dans la pratique ou même dans le commerce de la localité. Les futurs juges recevraient là une éducation volontaire dont on ne peut méconnaître l'utilité.

Un autre moyen, encore plus pratique, qui pourrait, d'ailleurs, se combiner avec celui-ci et qui ne coûterait rien, serait de créer dans chaque siége consulaire un certain nombre de juges-auditeurs. Si le tribunal, ou son président, désignait chaque année des jeunes gens que l'avenir peut appeler à revêtir la robe de juge, s'ils suivaient assidûment les audiences et les délibérations, si on les chargeait de quelques rapports comportant l'étude de questions de droit ; s'ils faisaient, en un mot, leur stage de juges, il n'est pas douteux qu'ils rendraient plus tard des services meilleurs et surtout plus prompts que les suppléants actuels, qui viennent juger sans avoir mis le pied dans un tribunal et dont toute l'éducation est à faire. Avec des études premières indispensables, un stage au tribunal de commerce, la possibilité de suivre un cours sérieux, on élèverait certainement le niveau de la science dans la juridiction consulaire. On objecterait en vain que cette méthode nuirait à la liberté des élections; car on ne pourrait envoyer au tribunal que des anciens juges-auditeurs. On peut répondre que cela ne serait nullement nécessaire; que la liberté des électeurs devrait toujours rester complète; que les fonctions de juge-auditeur ne seraient pas forcément un passeport pour entrer au tribunal, ni un brevet de capacité ou d'honorabilité. Mais quand même.... cela ne changerait rien à ce qui se pratique, puisque c'est le tribunal lui-même qui propose les candidats, qui sortent infailliblement du scrutin.

Mais, pourrait-on dire encore, cette idée n'est pas nouvelle. L'Empire avait créé des conseillers et des juges-auditeurs; la Restauration les avait conservés et le gouvernement de 1830 les a supprimés. On a donc reconnu des vices à une institution qui a fait ses preuves. On pourrait répondre que le gouvernement qui a supprimé les juges-auditeurs a tenté de les rétablir [1]. Nous dirions

[1] Le 3 avril 1842, un projet de loi fut présenté à la chambre des Pairs proposant de créer cent cinquante juges-auditeurs, qui participeraient aux délibérations des tribunaux avec voix consultatives seulement. Leurs fonctions, révocables, auraient duré cinq ans. Ce projet *adopté* par la chambre des Pairs, ne fut point discuté à la chambre des Députés. (*Moniteur* des 7 avril, 25 et 26 mai 1842.)

surtout qu'ils n'ont jamais existé près des tribunaux de commerce, mais seulement près des tribunaux civils; et que, s'ils ont été jugés inutiles à ces derniers, la question n'a pas été résolue pour les premiers. Nous comprenons très-bien qu'au tribunal civil les juges-auditeurs soient remplacés avec avantage par les juges-suppléants qui coûtent moins cher et qui rendent plus de services. Il est évident que ceux-ci, choisis parmi les licenciés, souvent parmi les docteurs en droit, ayant déjà fait un noviciat, soit dans le barreau, soit comme attachés au parquet, présentent à la loi et à la justice des garanties de savoir précieuses. Mais il n'en est pas de même des suppléants des tribunaux de commerce qui n'offrent d'autres garanties de capacité que leur intelligence, leur probité et leur désir de bien faire. En supposant que l'élection amène en même temps au tribunal deux juges-suppléants, dont l'un aurait fait un noviciat comme juge-auditeur et dont l'autre ne l'aurait pas fait, il n'est pas douteux que le premier aura un avantage marqué sur le second; que sa décision sera plus sûre et plus éclairée; que la justice qu'il administrera sera meilleure que celle rendue par son collègue.

Nous pensons donc, en définitive, que si l'on veut ABSOLUMENT faire l'éducation juridique des magis-

trats-consulaires, il faut s'y prendre avant qu'ils
entrent au tribunal. Pour cela, on doit fortifier les
études de droit lors de l'éducation première, en
faire une branche sérieuse de l'enseignement.
C'est là qu'est l'avenir du magistrat. On peut ensuite établir des juges-auditeurs près des tribunaux de commerce; cela répondrait à l'éducation
professionnelle. Enfin, quand les circonstances le
permettront, il sera bon de donner au goût de l'é-
tude toutes les facilités pour se satisfaire. Le juge
du commerce aura ainsi puisé les principes généraux de la science dès son adolescence, il en aura
suivi l'application pendant son noviciat et aura pu,
peut-être, les raisonner et les approfondir en écou-
tant un jurisconsulte exposer la doctrine et la jurisprudence.

Un pareil régime conduirait-il à cette perfection
absolue rêvée par certains esprits? Nous ne nous
faisons pas d'illusions; nous ne le pensons pas; mais
il constituerait un véritable progrès en donnant
au commerçant une éducation plus forte et plus
sérieuse, qui développerait ses aptitudes. Il éloi-
gnerait du tribunal quelques nullités, qui s'y glis-
sent à l'ombre de la réussite dans les affaires, et ce
serait là un service. Enfin, il aurait l'avantage de
ne modifier en rien le caractère de la juridiction
consulaire, auquel il faut bien se garder de porter
la moindre atteinte.

Mais pourquoi vouloir donner aux tribunaux de commerce un perfectionnement que les intéressés repoussent, quand tant de choses autour de nous méritent davantage d'attirer l'attention du législateur? Cette étude, au terme de laquelle nous arrivons, nous a révélé des faits qui doivent rassurer complétement ceux qui seraient tentés de craindre que l'éclat de la justice consulaire ne soit terni. Pour nous, qui pouvons maintenant joindre à l'expérience que nous a donnée la vie, celle que l'histoire nous a enseignée, nous pensons qu'il faut se garder de tout changement de nature à compromettre le caractère essentiellement commercial de l'institution. « Il faut y regarder à deux fois, a dit Des- » meuniers à l'Assemblée constituante, avant de » toucher à une œuvre de L'Hôpital ! » Ces paroles sont encore vraies.

Fondée sur des bases impérissables et d'une sagesse infinie pour répondre à un besoin social, la juridiction consulaire a-t-elle rempli le but que son fondateur se proposait et comment l'a-t-elle fait? Il suffit de se poser cette seule question pour éclairer l'avenir, et trois siècles peuvent se lever pour y répondre. L'histoire vient de nous apprendre que la juridiction consulaire n'a jamais failli à sa tâche, qu'avec sa constitution primitive, sans subir de modification dans son essence, elle a pu suivre le commerce dans les développements in-

commensurables qu'il a pris. Elle a toujours été la
fidèle gardienne de son honneur et de ses intérêts,
et les révolutions les plus contraires ont pu renverser plusieurs fois l'ordre social tout entier sans
toucher à la justice du commerce. Tout a été fait,
d'ailleurs, pour rendre les tribunaux de commerce
le modèle des juridictions. Des juges électifs, dès
lors chers aux justiciables, gratuits, c'est-à-dire
indépendants au premier chef, instruits plus que
tous autres dans les matières de leur compétence...
que peut-on désirer de mieux? Aussi pas un reproche ne s'élève contre leur justice. Pourquoi
donc prévoir des fautes? Pourquoi vouloir corri-
ger par avance? Pour que la justice commerciale
remplisse dans l'avenir le rôle qu'elle a joué dans
le passé, il faut la laisser ce qu'elle est: une justice de famille, des commerçants jugeant des commerçants. Peu importe, dès lors, que la science du
droit s'élève, que les études soient plus complètes,
les auteurs plus nombreux. Cette science, poussée
jusqu'aux dernières limites, rendra-t-elle donc
juste ce qui est injuste, vrai ce qui est faux?
Changera-t-elle les commentaires que les usages
du commerce ont fait à la loi? Et, d'ailleurs, quand
la science force l'entrée du tribunal de commerce,
elle n'y est pas en péril; l'intelligence des juges
n'est pas si bornée, qu'ils ne puissent comprendre un article du code Napoléon. C'est encore leur

faire une injure gratuite que de supposer qu'ils ne sont pas les gardiens vigilants des intérêts des non commerçants qui se trouvent entraînés à leur barre. Enfin, la Cour impériale et la Cour de cassation ne sont-elles pas là pour réparer les erreurs involontaires des premiers juges ! Contentons-nous donc de ce qui est. Ne cherchons pas des améliorations dont les conséquences funestes n'apparaissent pas aux yeux de ceux qui les demandent, quand elles sont frappantes pour ceux qui les repoussent. Vouloir mettre un élément purement juridique dans les tribunaux de commerce, c'est proclamer leur déchéance, c'est prononcer leur suppression, c'est conduire les affaires au tribunal civil, c'est faire au commerce une plaie incurable. Pour quiconque se mêle à la vie commerciale, il est manifeste que les juges consulaires, déjà fort difficiles à trouver, deviendront introuvables, quand ils seront condamnés à siéger dans un tribunal dans lequel ils rencontreront un étranger. Si on est obligé de porter les affaires au tribunal civil, quelle justice aura-t-on ? Où sera l'économie, la célérité, la simplicité, même avec les formes commerciales ? Où sera la sécurité dans les transactions, quand le commerce n'aura plus sa justice ? Vouloir modifier l'institution, c'est méconnaître les services qu'elle a rendus; c'est nier l'histoire !

Qu'on ne porte donc point une main téméraire

sur les éléments essentiels de la justice consulaire. Suivons l'exemple du passé; ne modifions que les détails qui sont restés en arrière sur la marche des idées. Que la liste des notables soit rédigée d'une manière plus rationnelle; que l'on prenne telle mesure que l'on voudra pour avoir des juges plus forts en droit; que l'on simplifie encore la procédure; toute modification en la forme qui n'emportera point le fond pourra être utile et nous y applaudirons de bon cœur; mais là se bornent nos vœux et nos espérances. Nous ne sommes pas seul à dire que la juridiction consulaire est le modèle des institutions judiciaires. Sachons nous en contenter. Ajoutons, si l'on veut, des ornements à la statue; changeons les accessoires qui sont passés de mode; mais ne la défigurons pas en changeant ses traits ou sa pose. La perfection absolue n'est point de ce monde; si par hasard on arrive à posséder celle qui est possible à l'humanité, c'est une insigne folie de la sacrifier pour tenter d'avoir l'autre.

—

—

EXTRAIT

DU

RAPPORT PRÉSENTÉ SUR LES DIVERS CONCOURS

DE 1865

Par M. Auzies, conseiller à la Cour impériale de Toulouse.

⸻

. . . .

« L'histoire critique de la Juridiction consulaire en France
» depuis son origine jusqu'à nos jours, » tel était le sujet
proposé pour le prix du Conseil général du département.

L'Académie, dans son programme, invitait les concurrents
à exposer les causes de l'établissement de cette juridiction
et du développement qu'elle avait déjà reçu avant 1789, ainsi
que celles de son maintien lors de la suppression de l'ancien ordre judiciaire, à définir son rôle actuel et à rechercher enfin, si, telle qu'elle est constituée, cette juridiction
répond aux besoins nouveaux du commerce et se trouve en
harmonie avec la marche progressive du droit.

Peu de sujets, mieux que celui-là, pouvaient offrir, ce
semble, un caractère plus manifeste d'importance et d'ac-
tualité.

Humble d'abord à sa naissance et renfermée dans les
limites de la coutume et de l'usage, la juridiction consu-

laire, comme on le disait naguère dans une circonstance solennelle [1], a préludé par d'obscurs et modestes services à de plus hautes destinées. L'héritage accumulé successivement et transmis par des mains fidèles, s'est accru jusqu'au jour où, recevant avec le titre de Tribunal de Commerce une nouvelle consécration, elle fut admise, par le souverain à prendre rang dans la magistrature du pays [2]. Une étude approfondie de cette institution et de son histoire devait, donc, à ce point de vue, présenter tout d'abord le plus grand intérêt.

D'un autre côté, la juridiction consulaire, malgré son ancienne origine et peut-être à cause de cette ancienneté même, a été, dans de récentes publications [3], l'objet de sérieuses attaques dont on ne peut se dissimuler la portée. A quoi bon conserver encore, a-t-on dit, une organisation de cette nature, qui forme avec les autres parties de notre ordre judiciaire un si frappant contraste et qui en altère si profondément l'unité ? Pourquoi, lorsqu'on exige de la magistrature ordinaire des garanties d'expérience et de savoir, admet-on à siéger, comme juges, des hommes presque toujours étrangers à la science du droit et qui n'ont jamais consacré leur temps à l'étude des lois mêmes qu'ils sont chargés d'appliquer ? Qu'il y ait une procédure plus simple et plus sommaire pour les faits de commerce ; qu'on éloigne les formalités et les écritures ; la nature des transactions commerciales l'exige ; mais que, sous prétexte de l'habitude du négoce, des magistrats d'un jour soient appelés à prononcer sur les questions les plus délicates, que soulève, à notre époque, le droit commercial dans ses applications

----

[1] Inauguration du nouveau palais du tribunal de commerce de la Seine.

[2] Discours de M. le président Berthier. (*Gazette des Tribunaux* du 28 décembre 1865.)

[3] Voy. notamment : *Etude sur les Tribunaux de Commerce*, par M. Rivière.

multiples et variées, c'est ce que la raison ne peut admettre et que repousse même le bon sens.

La juridiction consulaire, ajoute-on, a sans doute dans le passé de profondes racines ; car lorsque tout s'abîmait autour d'elle dans le vaste naufrage de la Révolution, seule, il faut le reconnaître, elle fut, grâce à sa constitution libérale, préservée de cet immense désastre ; mais en est-il moins vrai que les circonstances et les faits, au milieu desquels elle a pris naissance, ou bien n'existent plus aujourd'hui ou se sont complétement transformés ? Et, dès lors, un passé, même glorieux, suffirait-il à lui seul pour écarter indéfiniment de salutaires réformes ? et cette institution respectable, mais surannée, dont l'action du temps a mis à découvert les inconvénients et les abus, serait-elle donc comme une arche sainte à laquelle il ne serait pas permis de toucher ?....

On le voit : cette question est, pour ainsi dire, à l'ordre du jour ; et l'Académie, dont la mission est surtout de préparer la solution de tous les problèmes juridiques qu'amène, presque à chaque heure, le rapide développement de toutes les sciences, l'introduction de procédés nouveaux au sein d'anciennes pratiques et la transformation nécessaire des éléments sociaux d'autrefois, ne pouvait s'empêcher d'appeler, sur un sujet aussi grave et d'un si puissant intérêt, l'étude et les recherches des jurisconsultes et des savants.

Deux mémoires lui ont été présentés qui ont eu, d'abord au sein des commissions et plus tard en assemblée générale, un destin bien différent.

Celui coté n° 2, ayant pour épigraphe cette pensée de Gravina : *Occasiones legum tempora et causæ, quæ maximè aperiunt sententiam earum, omnia oriantur ex historiis,* n'a pas arrêté longtemps l'attention de l'Académie et ne pouvait mériter ses suffrages. Ce n'est pas que cet œuvre ne porte en soi l'empreinte d'un travail sérieux et la preuve de patientes recherches ; on y regrette, il est vrai, même à ce point de vue, l'omission des lettres-patentes de Philippe de Valois, en 1349, dont on peut dire qu'elles renferment comme le premier germe de la juridiction consulaire ; mais il est certain qu'à partir de l'édit de 1549, qui fonda pour les marchands de Toulouse la Bourse, dont notre confrère, M. Astre, a, dans une autre enceinte, retracé savamment l'histoire et les attributions, jusqu'à notre Code de commerce actuel, l'auteur a passé successivement en revue tous les documents qui se rattachent à la matière. Malheureusement il n'y a là qu'une sèche nomenclature, privée d'examen et dépourvue de critique. Le plan, d'ailleurs, est informe autant qu'incomplet. Sur les treize chapitres dont il se compose, il en est qui mentionnent à peine les points les plus importants, tandis que d'autres traitent dans des proportions exagérées des questions secondaires, comme le chapitre X, par exemple, consacré tout entier aux huissiers-audienciers près les tribunaux de commerce. Du reste, peu ou point d'observations personnelles sur les vraies causes de l'établissement de cette institution ; et après avoir parcouru péniblement cent huit pages d'un style sec et sans couleur, émaillées seulement, pour le repos du lecteur qui cherche une oasis dans ce désert aride, de quelques phrases pompeusement parées, on arrive à cette conclusion textuelle qui peut être vraie quoique mal présentée et surtout très-incorrecte : « Telle que la juridiction des tribunaux de com » merce se trouve organisée, les justiciables ont toutes les » garanties qu'ils peuvent demander à la justice humaine. »

Mais, c'est trop s'appesantir sur un travail que tant de fautes déparent. Hâtons-nous d'arriver à l'œuvre vraiment sérieuse qui a signalé ce concours.

C'est le Mémoire n° 1. Il ne porte pas d'épigraphe ; mais

il a le cachet de la distinction, ce qui, mieux qu'une phrase empruntée, suffit aisément pour ne pas le confondre avec d'autres.

Six chapitres embrassent, dans un ordre parfait, le sujet tout entier. Les trois premiers sont consacrés au développement successif de la justice consulaire en France, depuis son origine, jusqu'aux ordonnances de 1673 et de 1681 inclusivement. C'est la période de l'ancien régime.

En jetant un rapide coup d'œil sur la marche de la civilisation commerciale dans notre pays et en l'étudiant, à défaut de statistiques, dans les documents législatifs qu'elle a nécessités, l'auteur, sans sortir du caractère que devait conserver son travail, a fait, d'une manière à la fois exacte et complète, l'histoire du commerce, dont il a surtout étudié la situation et les ressources vers la seconde moitié du XVIe siècle. Actes officiels de toute nature, lettres-patentes, édits et ordonnances se trouvent réunis dans cette partie qui, malgré les documents nombreux qu'elle renferme, n'est point une compilation et conserve, au contraire, tous les caractères d'une œuvre originale et vraiment personnelle, ce qui fait qu'on en entreprend la lecture sans fatigue et qu'on la suit avec attrait.

Dans un livre, qu'une brillante érudition a classé depuis longtemps parmi les meilleurs [1], on attribue la cause de l'établissement des juridictions consulaires en France à l'ombrage que donnait à la puissance royale l'ascendant politique des communes vers le commencement du XVIe siècle. Pour rendre moins inquiétante l'opposition des bourgeois, qu'on s'apprêtait à déshériter de leurs prérogatives, on n'aurait rien trouvé de mieux, d'après ce système, que de donner à une partie d'entre eux seulement une des plus grandes faveurs dont on voulait dépouiller les villes, celle d'élire leurs

---

[1] Les *Institutions judiciaires*, par M. Meyer.

magistrats. C'était un moyen sûr de les détacher des intérêts généraux et de faire, dans la commune même, un parti prêt à sacrifier les droits de la masse entière pour se conserver quelques avantages.

L'auteur du Mémoire combat, avec une grande force de logique et de raison, une semblable théorie.

Les corps des communes, en effet, avec leur juridiction bornée à la police intérieure, n'eurent jamais assez de poids pour inspirer à la puissance royale de sérieuses alarmes. Les gouverneurs des provinces, les baillis, les sénéchaux, les juges royaux, les Parlements enfin ne suffisaient-ils pas pour les tenir en respect lorsque l'ordonnance de 1563 fut rendue? En admettant que de cette époque seulement date le véritable établissement des tribunaux consulaires, il existait alors assez de causes de querelles intestines entre les membres des cités, pour qu'il ne fût pas besoin d'y jeter encore d'autres semences de divisions; et le chancelier de L'Hôpital avait des vues trop franches et trop élevées pour cacher une odieuse politique sous les beaux dehors d'un édit de protection.

Personne ne soutiendra davantage que l'ordonnance de 1673, rendue sous la domination de Louis XIV, fût la tradition surannée d'un privilége transmis à une classe de citoyens pour l'opposer aux prétentions de l'autre. Le prince qui condamna les États-Généraux à l'oubli et les Parlements au silence, qui disait à son successeur : « Dans l'État où » vous devez régner après moi, vous ne trouverez point » d'autorité qui ne se fasse honneur de tirer de vous son » origine et son caractère, point de compagnie qui ne se » croie obligée de mettre son unique sûreté dans son hum- » ble soumission [1], » ce prince pouvait-il redouter les communes et les entreprise *de la gent corvéable ?*

----

[1] *Instruction pour le Dauphin*, t. II, p. 29.

L'extension prodigieuse au xvi° siècle, et la nécessité pour les négociants de recourir à des formes plus rapides et moins coûteuses que celles de la procédure compliquée des juridictions ordinaires, telles furent, au contraire, d'après le Mémoire où elles sont très-sainement appréciées, les causes principales qui déterminèrent la création des tribunaux consulaires.

Cette institution n'en fut pas moins menacée en 1790. Mais tandis que tout un passé se transformait ou s'écroulait au souffle des idées nouvelles, seule elle restait debout pour attester aux yeux de tous son énergique vitalité.

Ce fait mémorable est recueilli d'une main pieuse par notre auteur, qui prélude aux développements de la seconde partie de son traité par l'exposé textuel de la belle discussion d'où sortit le maintien, par l'Assemblée nationale, « des tribu- » naux particuliers pour le jugement des affaires du com- » merce. »

Peut-être un résumé de l'opinion des orateurs, sans avoir plus d'attrait que la reproduction fidèle de leurs discours, eût-il imprimé du moins une marche plus rapide au Mémoire qui languit en cet endroit, malgré l'intérêt qui le soutient. On dit, il est vrai, que la pureté et l'intégrité des textes sont le plus sûr aliment de l'histoire et qu'il ne faut pas affaiblir, en les analysant, les moyens exposés dans une discussion.

De telles maximes peuvent avoir leur bon côté ; mais, si l'art ne vient en régler l'application, on court risque de ne point mériter les éloges qu'Horace prodigue, avec un si spirituel bon sens, à celui qui, sans perdre jamais de vue le but qu'il faut atteindre, se hâte de courir au dénoûment, *semper ad eventum festinat.*

Quoi qu'il en soit, l'auteur, après s'être complu, peut-être même attardé, dans cette copie du *Moniteur,* présente le ta-

bleau de la législation intermédiaire en cette matière et des
décrets successifs qui la constituent ; puis après avoir étudié,
dans le code de commerce de 1807 et les documents ulté-
rieurs qui le complètent, tout ce qui touche à l'organisation
et à la compétence, il s'occupe, dans un sixième et dernier
chapitre, de la constitution actuelle des tribunaux consulaires, et traite la grave question de savoir s'ils répondent
aux besoins nouveaux de notre temps, et si cette institution
est encore en harmonie avec la marche progressive du
droit ?

Il est facile, d'après ces prémisses, de deviner la conclusion. Elle est, en tous points, favorable au maintien de ce
qui est.

« La juridiction consulaire a-t-elle rempli le but que son
» fondateur se proposait ? Trois siècles, dit-il, peuvent se lever
» pour répondre à cette question et pour la résoudre. L'histoire
» nous apprend que la justice commerciale n'a jamais failli
» à sa tâche ; qu'avec sa constitution primitive, fondée sur
» des bases impérissables et d'une sagesse infinie, elle a pu,
» sans subir de modifications essentielles, suivre le com-
» merce dans ses développements successifs, tout en restant
» la fidèle gardienne de son honneur et de ses intérêts. Con-
» tentons-nous donc de ce qui est. Ne cherchons pas des
» améliorations dont les conséquences funestes n'apparais-
» sent pas aux yeux de ceux qui les demandent quand elles
» sont frappantes pour ceux qui les repoussent. Vouloir mo-
» difier l'institution, c'est nier les services qu'elle a rendus,
» c'est nier l'histoire. Il faut y regarder à deux fois, disait-
» on à l'Assemblée nationale, avant de toucher à une œuvre
» de L'Hôpital. Ces paroles restent encore vraies de notre
» temps. »

Cette approbation, sans réserve, ne saurait être ni plus
formelle ni plus absolue ; et l'auteur, dans ces pages, qu'a-

nime, du reste, une conviction profonde, se prononce, même
avec énergie, contre l'adjonction d'un organe du ministère
public qui, pourtant, selon de bons esprits, viendrait per-
sonnifier, en quelque sorte, l'élément juridique et les principes permanents du droit commun dans des tribunaux où
des juges éphémères n'apportent sur le siége, au lieu de traditions respectées, que des opinions variables et une jurisprudence sans fixité.

Ce n'est pas qu'il ne rende hommage à cette belle magistrature, « qui, pour emprunter le langage de Portalis, donne
» un organe à la loi, un appui consolant à la faiblesse, un
» accusateur redoutable au méchant, une sauvegarde à l'in-
» térêt général contre les préventions toujours renaissantes
» de l'intérêt particulier, enfin une sorte de représentant au
» corps entier de la société[1]. » Mais il pense qu'à côté des
juges-consulaires, il ne faudrait point placer un magistrat
qui n'aurait pas la même origine, sous peine d'introduire,
au sein de cette juridiction, une cause toujours renaissante
de conflits et de divisions, ce qui serait aussi contraire à la
dignité de la justice que nuisible aux intérêts qu'elle a mission de sauvegarder.

Quoi que l'on pense de cette théorie, étayée d'ailleurs sur
d'autres considérations non moins graves, on ne peut s'empêcher de reconnaître qu'à part des longueurs fâcheuses,
qu'explique, sans les justifier pleinement, l'importance du
sujet, la discussion sur ce point est généralement disposée
avec art, conduite sans entraves et menée sûrement, par une
gradation habile, vers la solution proposée. C'est une des
parties de ce Mémoire les plus complètes et les mieux traitées. On comprend, à la lecture de ces lignes émues, que
l'auteur joint à des opinions éclairées par l'étude et fortifiées
par la pratique, je ne sais quelle filiale affection pour une

____

[1] Éloge de M. l'avocat-général Séguier.

institution à laquelle il doit sans doute des succès légitimes et peut-être les plus heureux instants de sa vie. On ne saurait, dans tous les cas, lui reprocher l'expression, même excessive, de ce sentiment, car la Bruyère a dit quelque part : « Il n'y a guère au monde de plus bel excès que celui de la » reconnaissance. »

Mais on ne reproche pas seulement à la juridiction consulaire de n'être plus au niveau du mouvement ascensionnel des affaires. On ne s'inquiète pas que de l'insuffisance des juges pour l'exacte et juridique appréciation des litiges commerciaux, dont les chemins de fer, la concurrence industrielle et le rapide développement des sociétés par actions augmentent chaque jour l'importance et le nombre. On dit encore : si la juridiction consulaire a eu sa raison d'être à une époque où les lois de la procédure civile maintenaient des prohibitions surannées et des complications inutiles, sources d'embarras et de frais, pourquoi subsisterait-elle encore, lorsque tout, dans nos lois, tend désormais à la simplification des formes et que les derniers vestiges des anciennes ordonnances, dont on n'avait donné qu'une édition rajeunie par les principes mal appliqués de 1789, disparaîtront nécessairement un jour pour faire place à des règles nouvelles et mieux appropriées aux exigences de notre temps? Où trouver, dès lors, l'intérêt essentiellement permanent qui sollicite le maintien d'une telle institution?

D'un autre côté, comment expliquer un système qui consacre la spécialité en première instance et la voie de l'appel devant la juridiction ordinaire ? Si les contestations en matière commerciale ne peuvent être bien jugées, au premier degré, que par les commerçants eux-mêmes, pourquoi les porter, au second degré, devant des magistrats jurisconsultes? Où est la raison d'une telle anomalie?

Enfin si, dans l'organisation actuelle, les tribunaux civils sont appelés en très-grande partie à juger les affaires commerciales dans les formes adoptées par la juridiction consulaire, et si leurs sentences révèlent à la fois chez les magistrats qui les prononcent, l'étude approfondie des lois, une connaissance suffisante des usages du commerce et, à la place de l'arbitraire ailleurs trop souvent consacré, la judicieuse application des règles de l'équité, pourquoi ne pas donner aux autres justiciables, sur toute l'étendue de l'empire, les mêmes garanties, qui ne peuvent, en définitive, se trouver réunies qu'au sein de la justice ordinaire ?

Sur toutes ces questions, dont l'intérêt est visible et la gravité manifeste, l'auteur a gardé le silence. Est-ce calcul ? Est-ce impuissance ? Ce n'est assurément ni l'un ni l'autre, car l'habile écrivain, dont l'œuvre atteste un beau caractère, rehaussé par un grand talent, n'a pas assurément encouru ces reproches.

Toutefois, de telles omissions dans un sujet de cette importance, des négligences de style trop fréquentes, surtout dans la première partie du Mémoire, et les autres taches que j'ai dû relever, quoiqu'avec regret, en rapporteur fidèle, n'ont pas permis à l'Académie d'atteindre, en faveur de cette œuvre jusqu'au *maximum* de ses récompenses. Mais, heureuse de rencontrer dans ce Mémoire, avec une étude consciencieuse et riche d'aperçus ingénieux, la connaissance approfondie des matières commerciales au service d'un esprit juste, elle décerne à son auteur, M. Ernest Genevois, avocat à Nantes, une médaille d'or de 300 francs.

TABLE DES MATIÈRES.

www.ingramcontent.com/pod-product-compliance
Ingram Content Group UK Ltd.
Pitfield, Milton Keynes, MK11 3LW, UK
UKHW021011140726
13695UKWH00001B/200